Ethische Orientierung in der Pflege

Hans-Ulrich Dallmann ist Professor für Ethik am Fachbereich Sozial- und Gesundheitswesen der Hochschule Ludwigshafen am Rhein.
Andrea Schiff ist Professorin für Pflegewissenschaft am Standort Köln der Katholischen Hochschule Nordrhein-Westfalen.

Hans-Ulrich Dallmann, Andrea Schiff

Ethische Orientierung in der Pflege

Mabuse-Verlag
Frankfurt am Main

Bibliografische Information der Deutschen Nationalbibliothek

Die Deutsche Nationalbibliothek verzeichnet diese Publikation in der Deutschen Nationalbibliografie; detaillierte bibliografische Daten sind im Internet über http://dnb.dnb.de abrufbar.

Informationen zu unserem gesamten Programm, unseren AutorInnen und zum Verlag finden Sie unter: www.mabuse-verlag.de.

Wenn Sie unseren Newsletter zu aktuellen Neuerscheinungen und anderen Neuigkeiten abonnieren möchten, schicken Sie einfach eine E-Mail mit dem Vermerk „Newsletter" an: online@mabuse-verlag.de.

Kasseler Straße 1a
60486 Frankfurt am Main
Tel.: 069-70 79 96-13
Fax: 069-70 41 52
verlag@mabuse-verlag.de
www.mabuse-verlag.de
www.facebook.com/mabuseverlag

Lektorat: Anne Büntig-Blietzsch, Erfurt
Satz und Gestaltung: ffj Büro für Typografie und Gestaltung, Frankfurt/M.
Umschlagabbildung: Christa Geiger, Germering, www.christa-geiger.com

Druck: CPI books GmbH, Leck
ISBN 978-3-86321-290-2
Printed in Germany

Inhalt

Einleitung

Ethische Orientierung ist eine Notwendigkeit für eine Profession, die sich hohen fachlichen Standards verpflichtet weiß. Eine Profession muss nicht von anderen orientiert werden, sie will, kann und muss sich selbst orientieren. Diese Orientierung will dieses Buch anregen, es kann und will sie nicht ersetzen. Pflege vollzieht sich in unterschiedlichen Kontexten und Bezügen, die jeweils ihre eigenen Orientierungsfragen haben, zu deren Beantwortung die ethische Reflexion beitragen kann. Solche Fragen zu thematisieren, ist das Ziel dieses Buches.

Ethische Fragen stehen in einer langen Tradition, das gilt auch für die Pflege. Damit stellt sich die Aufgabe, in dieser Geschichte eine Position zu finden. Dem dient die Erörterung eher allgemeiner Themen in den ersten fünf Kapiteln. Wer Interesse hat, sich weitergehend mit diesen allgemeinen Themen zu beschäftigen, findet am Ende der jeweiligen Kapitel unseres Erachtens hilfreiche Literaturhinweise. Im Einzelnen behandeln die Kapitel des Buches folgende Inhalte: Unser Verständnis von Pflegeethik entfalten wir zu Beginn (Kapitel 1), dem folgt eine Verständigung über für die Pflege relevante Menschenbilder (Kapitel 2), eine Klärung des Verständnisses von Gesundheit und Krankheit (Kapitel 3) sowie von Fragen von Tod und Sterben (Kapitel 4). Im Anschluss daran werden wir, ausgehend von den pflegenden Personen (Kapitel 5) in immer weiteren Kreisen bis hin zur Politik die Themen ansprechen, die ethische Relevanz für die Pflege besitzen und daher der Reflexion bedürfen.

Ethik fragt nach den Möglichkeiten und den Kriterien einer gelingenden Praxis. Es geht ihr darum, was eine solche Praxis gut macht. Dies bezieht sich auf Patientinnen und Bewohner (Kapitel 6) ebenso wie auf pflegerische Handlungen, die zwischen Pflegenden und zu Pflegenden vermitteln (Kapitel 7). Professionelle Pflege vollzieht sich in unserer Gesellschaft in Organisationen, daher ist es notwendig, ebenso ein Auge auf das arbeitende Team (Kapitel 8) zu richten wie auf die Einrichtungen (Kapitel 9), in denen Pflege angesiedelt ist. Den weiteren Rahmen bilden Profession (Kapitel 10), Pflegewissenschaft (Kapitel 11) und (Gesundheits-)Politik (Kapitel 12). Anmerkungen zur ethischen Urteilsbildung schließen die Darstellung ab.

Wir haben uns bemüht, die manchmal komplizierten Zusammenhänge auch für Leserinnen und Leser verständlich darzustellen, die keine Vorkenntnisse im Bereich von Philosophie und Ethik besitzen. Studierende der Pflege sind ebenso angesprochen wie Pflegende, die sich für ethische Fragen interessieren. Wir haben weitgehend auf Fußnoten und andere Literaturbelege verzichtet. Wo wir uns direkt auf andere Literatur beziehen, haben wir darauf im Text verwiesen; weiterführende Literatur wird jeweils am Ende der Kapitel aufgeführt. Wir haben uns entschieden, die geschlechtlichen Personenbezeichnungen zu variieren, das jeweils andere Geschlecht ist in der Regel mitgemeint.

Natürlich fällt die Idee, ein solches Buch zu schreiben nicht vom Himmel. Zum einen sind die Verfasserin (Pflegewissenschaftlerin) und der Verfasser (Ethiker) in der Lehre an ihren Hochschulen mit Fragen der Ethik in der Pflege konfrontiert. In nicht geringem Maß ist dieses Buch im Zusammenhang der Lehre entstanden. Zum anderen nimmt es konzeptionell Anleihen an einem Buch auf, das der Autor mit einem Kollegen verfasst hat: Hans-Ulrich Dallmann, Fritz Rüdiger Volz – Ethik in der Sozialen Arbeit, Schwalbach im Taunus (Wochenschau Verlag) 2013. Manche Passagen sind an diesen Text angelehnt, andere greifen Ideen auf, die die Autorin und der Autor an anderer Stelle veröffentlicht haben und wieder andere sind komplett neu verfasst.

Frankfurt, im Mai 2016

Andrea Schiff *Hans-Ulrich Dallmann*

Kapitel 1. Die guten Gründe – Sich in der Pflege orientieren

Zwei Patientinnen haben die Klingel gedrückt. Zu welcher Patientin soll ich zuerst gehen, zu Frau Schreiber oder zu Frau Wilhelm? Im Alltag gibt es immer wieder Situationen, in denen ich mich für eine Alternative entscheiden muss. Meistens sind die Situationen unproblematisch, ja trivial. In der Kantine: Nudeln oder Reis? Fernsehen oder ein Buch lesen? Zuerst zu Frau Schreiber oder zu Frau Wilhelm? Meistens fällt die Entscheidung leicht. Ich weiß, was ich – zumindest im Moment – will, oder ich entscheide mich spontan für das eine oder gegen das andere. Manchmal ist es aber nicht klar, was für mich und in dieser Situation die richtige Entscheidung ist. Dann stehe ich vor der Herausforderung, mich orientieren zu müssen. Sich orientieren bedeutet, den eigenen Standpunkt zu bestimmen, ein Ziel zu finden, Alternativen abzuwägen, Rat einzuholen, Prioritäten zu setzen.

Das pflegerische Handeln braucht – wie jedes Handeln – Orientierung. Orientierung zunächst in dem einfachen Sinn, dass ich mich in einer Situation zurechtfinden muss, um über den weiteren Weg entscheiden zu können. Und wie in jedem Handeln hat auch im pflegerischen Handeln die Orientierung verschiedene Perspektiven. Zunächst und selbstverständlich die fachliche und professionelle Perspektive. Pflege ist in erster Linie keine ethische oder moralische Profession, sondern sie ist bestimmt durch ihre eigenen Regeln der Fachlichkeit. Daneben gibt es eine rechtliche Perspektive, eine der Organisation, der Politik und eine der Gesellschaft – und eben auch eine ethische Perspektive. Die ethische Perspektive gewinnt vor allem in zwei Konstellationen ihre Bedeutung: Zum einen, wenn mir andere Perspektiven in einer konkreten Situation keine Orientierung bieten, zum anderen, wenn die anderen Perspektiven selbst fraglich werden. Es kommen im pflegerischen Alltag immer wieder Situationen vor, in denen ich von fachlichen Standards abweiche, weil für die Patientin – zumindest im Moment – andere Belange von Bedeutung sind. Und es gibt Tätigkeiten, die Pflegekräfte wegen ihrer Überzeugungen nicht übernehmen wollen, obwohl sie etwa rechtlichen oder fachlichen Standards entsprechen. Das am meisten diskutierte Beispiel hierfür ist die Beteiligung an einem Schwangerschaftsabbruch.

Orientierung

Bevor wir die Besonderheiten ethischer Orientierung erörtern, sollen kurz Besonderheiten der Orientierung im Allgemeinen erläutert werden. Denn das Bild der Orientierung liefert eine Reihe von Hinweisen, die für die spätere Entfaltung ethischer Perspektiven hilfreich sind.

Dabei ist *erstens* auffällig: Die Frage der Orientierung entsteht für mich erst dann, wenn ich mir des Weges nicht mehr sicher bin. Solange ich das Gefühl habe, zu wissen, woher ich komme und wohin ich gehe, suche ich nicht nach Orientierung. Allgemeiner gesagt: Das Bedürfnis nach Orientierung entsteht in einer als krisenhaft erlebten Situation. Krise verstehen wir hier ganz allgemein als eine Situation, in der unterschiedliche Optionen bestehen, wie ich weitergehen kann. Krisen sind Entscheidungssituationen, in denen abhängig von der eigenen Entscheidung der weitere Weg in unterschiedliche Richtungen gehen wird. Krisen setzen – um im Bild zu bleiben – mindestens eine Weggabelung oder eine Kreuzung voraus, von der mehrere Wege abzweigen. Im Normalfall bin ich oder fühle mich zumindest orientiert – und erst, wenn ich eine Entscheidung über den weiteren Weg treffen muss, stehe ich vor der Aufgabe, mich zu orientieren.

Die *zweite* Beobachtung innerhalb dieses Bildes: Für die Frage, wie ich mich orientieren soll, ist es weniger wichtig, woher ich komme, wichtiger ist, wohin ich will. Orientieren kann ich mich nur, wenn ich ein Ziel habe. Allgemeiner gesagt: Orientierungsfragen setzen Zielbestimmungen voraus. Diese erfordern eine besondere Art von Überlegungen. Und je nach der Antwort, die ich mir gebe, kann es sogar sein, dass ich zurückgehen muss, weil das Ziel in einer anderen Richtung liegt, als die, in die ich bisher gegangen bin. Nun ist deswegen die Herkunft nicht belanglos für die Frage, wie ich mich orientieren soll. Wo ich herkomme, ist insofern wichtig, als ich abschätzen kann, welche Strecke ich bereits zurückgelegt habe – und wie viel in der Folge noch vor mir liegt. Die zurückgelegte Wegstrecke kann mir z. B. Aufschluss über noch benötigte Ressourcen geben. Aber der Blick zurück sagt mir nicht, wie es weitergehen kann. Das Leben wird zwar rückwärts verstanden, aber vorwärts gelebt.

Eine *dritte* Beobachtung: Die Situation verschärft sich, wenn ich nicht allein, sondern mit anderen unterwegs bin. Jede, die auf einer gemeinsamen

Wanderung unterwegs war, kennt Episoden, in denen über den richtigen Weg diskutiert, oft sogar gestritten wurde. Da gibt es die eine, die glaubt zu wissen, wo es langgeht und den anderen, der das ganz anders sieht. Mehrheitsentscheidungen sind dann auch nicht unproblematisch. Es stellt sich vielmehr die Frage, wem oder was man traut: der eigenen Überzeugung, der Autorität von Führungspersönlichkeiten oder der Schwarmintelligenz (wobei es natürlich auch so etwas wie eine Schwarmdummheit gibt). Auch der Blick auf die Wanderkarte verspricht nicht unbedingt eine Klärung, weil verschiedene Interpretationen der Karte miteinander konkurrieren (können).

Damit ist die *vierte* Beobachtung angesprochen. Um mich orientieren zu können, muss ich meine aktuelle Position kennen. Wenn ich nicht weiß, wo ich bin, ist die Wahl des weiteren Weges beliebig. Diese Position ist mehrfach bestimmt. Natürlich zunächst durch den physischen Ort, aber auch durch die Zeit (Wann wird es dunkel und sollte ich nicht besser nach einem möglichen Quartier oder zumindest einem Unterschlupf Ausschau halten?). Allgemein formuliert: Die Position ist durch ihren Kontext bestimmt – durch verfügbare Ressourcen, durch den Abstand zu anderen Positionen, durch meine Reserven und Vorräte, durch meine Kraft und Zuversicht, mein Ziel erreichen zu können.

Mehrfach angesprochen sind fünftens die Orientierungsmittel. Orientierung hatte ursprünglich die Bedeutung, sich am Sonnenstand auszurichten, nämlich den Osten (Orient) zu bestimmen. Später benutzte man einen Kompass dazu. Damit können heute wahrscheinlich nur noch die wenigsten etwas anfangen. Stattdessen treten Google Maps oder die Karten-App für iOS an die Stelle von Kompass und topografischer Karte. Allerdings helfen auch die nicht weiter, wenn ich kein Netz habe oder die Batterie leer ist – und mitten in der Landschaft gibt es selten Steckdosen für das Ladegerät. Anders gesagt: Es gibt Situationen, in denen die Kenntnis traditioneller Orientierungsmittel hilfreich sein kann. Aber die Handhabung solcher Mittel will erlernt sein. Wenn ich nicht weiß, was man damit wie anfangen kann, helfen mir Karte und Kompass nichts. Ich muss eine Karte lesen und sie mithilfe des Kompasses einnorden können. Das setzt allerdings auch eine gewisse Erfahrung und Vertrautheit mit diesen Orientierungsmitteln voraus. Aber selbst bei den modernen Navigationssystemen ist deren Qualität vom hinterlegten Kartenmaterial abhängig. Ich muss darauf vertrauen können, wenn ich mich von diesen Systemen wirklich orientieren lassen will. Und eines nimmt mir kein Navigationssystem ab: die Eingabe des Ziels.

Und der *letzte* Punkt: Irgendwann muss ich eine Entscheidung treffen. Und ich werde mich eher unwohl fühlen, wenn ich einfach rate, welchen Weg ich weiter nehmen will. Mir geht es in einer solchen Situation deutlich besser, wenn ich gute Gründe für meine Entscheidung habe. Das trifft wahrscheinlich auch dann zu, wenn sich herausstellen sollte, dass ich mich geirrt habe. Einen Irrtum kann ich mir selber zurechnen; wenn es gut geht, kann ich aus ihm etwas lernen, auf jeden Fall kann ich ihn korrigieren. Das funktioniert mit dem blanken Zufall nicht. Und nur, wenn ich Gründe für eine Entscheidung habe, kann ich selbstbestimmt eine Entscheidung treffen. Ich kann sie mir zu eigen machen. Zufälle bleiben mir immer in einer gewissen Weise fremd und äußerlich. Autonomie ist Selbstbestimmung und nicht reine Willkür, genauer gesagt: Sie ist *Selbstbestimmung aus Gründen.*

Mit der Angabe von *Gründen* antworten wir gewöhnlich auf Warum-Fragen. Zum Glück müssen wir solche Fragen nicht dauernd beantworten (es sei denn, wir haben kleine Kinder). Warum-Fragen werden uns gestellt, wenn andere unser Verhalten nicht verstehen. Mit der Antwort auf solche Fragen machen wir unser Handeln anderen gegenüber verständlich. Zuweilen stellen wir uns selbst solche Warum-Fragen; meistens dann, wenn wir uns nicht sicher sind, ob wir richtig gehandelt haben, oder wenn wir über Alternativen zu entscheiden haben. Die Antworten auf diese Fragen haben (neben anderen) eine funktionale und eine evaluative Komponente („Ich bin zuerst zu Frau Schreiber gegangen, weil sie Schmerzen hat."). Die evaluative, also bewertende, Komponente dieser Antwort besteht in meiner aktuellen Überzeugung, dass die Schmerzen von Frau Schreiber es vordringlich machen, zu ihr zu gehen, weil die Behandlung der Schmerzen wichtiger ist als von anderen geäußerte Wünsche (etwa das Essenstablett wegzuräumen). Die Ethik der Pflege hat mit Orientierungsfragen und den Gründen für unser Handeln zu tun. Deshalb muss zunächst die Frage geklärt werden, welche Gestalt solche Gründe haben und wie die Sprache aussieht, die explizit moralische oder ethische Gründe ausdrückt.

Orientierung in der Ethik

Die ethische Orientierung umfasst verschiedene Dimensionen, die sich hinsichtlich ihres Bezugs und ihrer Reichweite unterscheiden. Diese Dimensionen überlagern sich in der Regel. Trotzdem ist es sinnvoll, sie zu unterscheiden, weil mit ihnen jeweils unterschiedliche leitende Fragen und darauf bezogen unterschiedliche Antworttypen verbunden sind. Wir stellen diese Dimensionen in der folgenden Tabelle dar und erläutern sie ausführlicher.

Dimensionen ethischer Orientierung:

Ethik als Reflexionstheorie				
Moral	Was soll ich, was sollen wir tun? Was schulden wir uns wechselseitig?	Handlungen, Handlungsregelungen	Normen, Prinzipien, Maximen	Sollensethiken
Ethik	Wie soll ich, wie sollen wir leben? Was ist eine gute Lebensführung? Was für ein Mensch will ich sein?	Lebensführung, Bereiche der Lebensführung, Lebensformen	Güter, Werte, Tugenden	Strebens- und Tugendethiken
Ethos/Sitte	Was gilt bei uns gewöhnlich? Woran orientiert man sich üblicherweise?	Alltag	Kultur, Sitten, Gebräuche, Anstand, Takt	Theorien des Ethos (Sittlichkeit)
Kategorien	**leitende Fragen**	**Bezug**	**zentrale Begriffe**	**Typen**

Zunächst ist in der Tabelle zu sehen, dass es eine auf einzelne Handlungen bezogene und eine stärker auf die Lebensführung sowie die Verfassung des oder der Handelnden bezogene Dimension gibt. Die eine bezieht sich auf das Gut-Sein von Personen oder sozialen Zusammenhängen, in die die Personen eingebettet sind, die andere auf das Gut-Sein von Handlungen, sei es nach dem Gut-Sein der Handlungen selbst oder der Regeln, denen diese

Handlungen folgen. In der ethischen Tradition lässt sich diese Unterscheidung festmachen an Strebens- und Tugendethiken auf der einen und Sollensethiken auf der anderen Seite. Womit natürlich nicht gesagt ist, dass in Tugendethiken die Handlungen der tugendhaften Menschen schlicht belanglos oder dass in Sollensethiken die Verfassung der handelnden Personen unwichtig wären. Theorien des Ethos wiederum fragen nach den (alltäglichen) Orientierungen, die in einer Gruppe oder einer Kultur immer schon vorausgesetzt sind.

Für die erste Dimension wird meist der Begriff *Moral* gebraucht. Er stammt vom lateinischen *mos* (Gewohnheit, Sitte, Brauch, aber auch Gesetz, Vorschrift) ab und wurde von Cicero als Übersetzung des griechischen Begriffs Ethik eingeführt. Hier geht es darum, was sich schickt, also um das, was üblicherweise erwartet wird. In der philosophischen Diskussion wird spätestens seit der Aufklärung der Begriff der Moral auf das bezogen, was sich Menschen prinzipiell, also unabhängig von Sitten und Gebräuchen, gegenseitig als Menschen schulden. Moralische Fragen treten spätestens dann auf, wenn Handlungen die grundlegenden Interessen anderer berühren. Moral setzt einen Perspektivenwechsel voraus, bei dem die Beteiligten die Position des anderen immer mitberücksichtigen müssen. Es geht um Regelungen normativer Art, denen prinzipiell alle zustimmen können müssen. Die strikte Verallgemeinerung ist das Kennzeichen moralischer Diskurse. Verkörpert wird dies im „Kategorischen Imperativ" Immanuel Kants, demzufolge die Handlung entsprechend einer Maxime (eines grundsätzlichen Prinzips) nur dann moralisch ist, wenn alle wollen können, dass alle in vergleichbaren Situationen dieser folgen. In den Worten Kants: „Dass wir wollen können, dass diese Maxime unserer Handlung ein allgemeines Gesetz werden kann."

Weil es um grundlegende Normen und Prinzipen geht, haben moralische Fragen eine gewisse Nähe zum Recht. Moralische Orientierungen sind der Pflege nicht fremd. Oft sind sie in rechtlichen Normen kodifiziert, wie z. B. im Verbot, Personen gegen ihren Willen über mehr als 24 Stunden ohne richterlichen Beschluss zu fixieren. Grundsätzlich gilt für alle Pflegehandlungen, dass sie nicht gegen den Willen der zu Pflegenden durchgeführt werden dürfen. Ausnahmen von diesem Grundsatz müssen gut begründet werden (wir kommen darauf ausführlicher in Kapitel 7 zurück) und sind oft nur – wie im genannten Beispiel – nach einem richterlichen Beschluss erlaubt. Ebenso sind in der Pflege leitende Prinzipien bekannt. In den meisten Pflegeethiken findet sich der Bezug auf die *Prinzipien der biomedizinischen Ethik,* die von Tom Beauchamp und James Childress als *Autonomie, Benefizienz* und *Nonmalefizienz* sowie *Gerechtigkeit* formuliert wurden. Autonomie meint hier die Ausrichtung an der Selbstbestimmung der zu Pflegenden, Benefizienz die Ausrichtung am Wohl dieser Personen, Nonmalefizienz die Verpflichtung, ihnen nicht zu schaden und Gerechtigkeit das Absehen von äußeren Merkmalen und die Gleichbehandlung aller.

Für die zweite Dimension wird zumeist der Begriff *Ethik* gebraucht. Der Begriff geht auf den griechischen Philosophen Aristoteles zurück. Er spricht von *ta ethika,* der Sittenlehre. Das Wort bedeutet dabei zunächst Gewohnheit, Sitte oder Brauch. Aristoteles geht es um die Erörterung der Frage, welche Güter erstrebenswert sind, um ein „glückseliges Leben" in der Gemeinschaft zu führen. Der Fokus liegt auf der gelungenen Lebensführung des Bürgers (Aristoteles schloss Frauen und Unfreie in diesen Fragen aus) in seiner Bürgerschaft *(polis).* In den heutigen Sprachgebrauch überführt geht es um die Frage, welches Leben man führen will und welche Person man ist und sein möchte. Solche ernsten Fragen stellen sich an Wendepunkten im eigenen Leben, wenn die Berufswahl oder die Familienplanung im Zentrum stehen. Solche Probleme sind immer auch Identitätsprobleme. Fragen des guten Lebens stellen sich für einzelne Personen oder Gruppen. Sie können fragen: Wie soll ich oder wie sollen wir gut leben? Welcher Mensch will ich sein? Die Identität einer Person ist allerdings in lebensweltlichen Zusammenhängen verankert. Zwar führt jeder sein Leben selbst, ist dabei jedoch nicht allein. Die Lebensführung ist geprägt durch soziale Beziehungen, durch gemeinsame Geschichte und Erfahrungen, Erfolge und Niederlagen. Antworten auf Fragen der individuellen und kollektiven Lebensführung geben Ziele an, die erreicht werden sollen, und Vorstellungen, die meine oder unsere Identität bestimmen. Es geht um Güter (etwa Gesundheit, Wohlstand oder das Eingebundensein in soziale Beziehungen) oder um Werte (wie etwa Teilhabe, Freiheit oder Authentizität).

Das Vokabular der *Güter und Werte* lässt sich nur schwer trennscharf unterscheiden. Gemeinsam ist den Begriffen, dass sie Ziele formulieren, die in sich wertvoll und bedeutsam sind. Güter und Werte werden um ihrer selbst willen geschätzt – und nicht deshalb, weil sie noch für etwas Anderes wichtig sind. Und wie seinerzeit bei Aristoteles verbindet sich die Frage nach den Zielen mit der, wie ich selbst sein sollte, um diese Ziele auch erreichen zu können. Klassischerweise spricht man von den Tugenden einer Person, die deren Charakter bestimmen und damit die Lebensführung prägen (wir kommen in Kapitel 5 ausführlicher darauf zurück). Charakteristisch an solchen Zielformulierungen ist, dass sie nicht auf die gleiche Weise verallgemeinert werden können wie Normen und Prinzipien. Ich kann meine Werte schlecht anderen Personen verbindlich vorschreiben (auch wenn ich das manchmal möchte). Zwar fallen Werte nicht vom Himmel, ich finde sie schon in den Gemeinschaften vor, in die ich sozialisiert und kulturalisiert worden bin. Mit dem Vorgefundenen kann ich mich aber – und in der Regel werde ich das auch von Fall zu Fall tun – kritisch auseinandersetzen. Werte wandeln sich, sowohl meine eigenen als auch die von Gruppen, Gesellschaften und Kulturen. Sie sind aber nicht schlicht beliebig, sondern geben mir einen Rahmen vor, in dem sich die Auseinandersetzung um die richtigen Ziele der Lebensführung, um das gemeinsame Selbstverständnis und gegebenenfalls auch um die Berufsausübung vollzieht.

Selbstverständigungsfragen spielen auch in der Pflege eine wichtige Rolle. Während in den Anfängen der Pflege als Beruf Werte wie Nächstenliebe und Weiblichkeitsideale eine zentrale Rolle spielten, drehen sich aktuell die Debatten um Begriffe wie Autonomie, Professionalität und Caring. Die alte Frage nach den pflegerischen Tugenden hat sich transformiert in die nach pflegerischen Kompetenzen. Ein Blick in einschlägige Stellenanzeigen verschafft eine gute Übersicht, was erwartet wird – und was Pflegende oft von sich selbst erwarten: Teamfähigkeit, Selbstständigkeit, Empathie, Flexibilität, Engagement. Zumindest ethiknahe Themen werden auch in Pflegetheorien erörtert, wenn es um die Zielbestimmung der Pflege geht: etwa die Wiedererlangung der autonomen Lebensführung bei bestehenden Selbstpflegedefiziten bei Dorothea E. Orem. Auch auf diese Thematiken werden wir später (in Kapitel 5 und 10) ausführlicher eingehen.

Für die dritte Dimension wird meist der Begriff *Ethos* gebraucht. Dieser Begriff findet sich gegenwärtig vor allem im Zusammenhang mit einem Berufs- oder Standesethos. Ethos bezeichnet das, was üblicherweise in Geltung ist, Üblichkeiten und Selbstverständlichkeiten, angefangen von Formen des Grüßens, über die Tischsitten, bis hin zu gesellschaftlichen

Hierarchien. Unser Alltag ist ganz wesentlich von solchen Üblichkeiten und Routinen geprägt. In ihnen müssen wir uns nicht orientieren, wir sind schon in ihnen orientiert. Meistens bleiben diese Alltagsorientierungen implizit. Zum Thema werden sie aber, wenn wir unseren gewohnten Bezugsrahmen verlassen. Das ist an kulturellen Gepflogenheiten zu spüren: Wenn wir in London in einen Pub gehen und darauf warten, dass eine freundliche Bedienung uns ein Getränk bringt, werden wir durstig nach Hause gehen. Aber auch der Wechsel auf eine andere Station in einem Krankenhaus oder in eine andere Einrichtung konfrontiert uns mit ungewohnten Abläufen und Gepflogenheiten: Wie grüßt man sich? Wer räumt die Kaffeetassen weg? Wie ist das Verhältnis zu anderen Berufsgruppen, insbesondere zu den Ärztinnen? Welchen Kommunikationsstil pflegt man mit Patienten? Das verweist darauf, dass menschliches Handeln immer schon an dem orientiert ist, was in Gruppen oder Gesellschaften üblicherweise erwartet wird. Wir finden Orientierungen vor, die eine gewisse Verlässlichkeit des Verhaltens garantieren, und gehen von einem – oft implizit bleibenden – Wissen aus, welches das alltägliche Handeln voraussetzen muss. In der ethischen Tradition ist dieses alltägliche Ethos nur selten thematisiert worden. Eigentlich unverständlich, wenn man sich klarmacht, welch große Rolle es in der täglichen Lebensführung spielt.

Der Begriff Ethik taucht in der oben stehenden Tabelle „Dimensionen ethischer Orientierung" zweimal auf: zum einen zur Bezeichnung der zweiten Dimension, zum anderen in der oberen Zeile, wo Ethik als Reflexionstheorie bezeichnet wird. Das hängt damit zusammen, dass Aristoteles, auf den diese Begriffsbildung zurückgeht, es als Ziel der Ethik verstand, die Grundfragen eines guten, gerechten und vernünftigen Lebens methodisch gesichert (also wissenschaftlich) zu beantworten. Diese Grundfragen sollen ohne Berufung auf Autoritäten und Konventionen gültig und einsichtig mit den Mitteln der Vernunft geklärt werden. In diesem Sinn bezeichnet Ethik also nicht nur eine spezifische Dimension, sondern auch die methodisch geleitete Reflexion.

Der Soziologe Niklas Luhmann analysiert die *Ethik* als eine solche Reflexionstheorie. Sie bezieht sich auf die tatsächliche moralische Kommunikation. Dabei taucht die Frage auf, warum eine bestimmte Handlung – und damit eine konkrete Person – als gut oder als schlecht zu bezeichnen ist. Die

Ethik entwickelt in diesem Zusammenhang Programme (Theorien), die es erlauben, begründet entsprechende Urteile zu treffen und sich an ihnen zu orientieren. Solche Programme gibt es allerdings – auch in der Ethik der Pflege – viele, die zum Teil miteinander konkurrieren. Doch die Vielzahl ethischer Theorien entbindet niemanden von der Notwendigkeit, eine begründete Antwort zu geben, wenn er oder sie im Blick auf das Handeln gefragt wird: Warum hast du das getan?

Ethische Orientierung

Eine Ethik in diesem Sinne trägt zur Orientierung dadurch bei, dass sie versucht, die Prinzipien, Werte, Ethosformen, die unsere Lebensführung leiten, bewusst zu machen und sie besser zu verstehen. Ethik ist so verstanden eine Hermeneutik der Lebensführung. Der Begriff Hermeneutik bezeichnet die Lehre vom Verstehen. Zwar verstehen wir den Sinn von Aussagen immer schon „irgendwie", wenn wir kompetente Sprecherinnen einer Sprachgemeinschaft sind. Wie es sich nicht nur bei literarischen Texten zeigt, erschöpfen sich Sinn und Bedeutung sprachlicher Äußerungen nicht mit dem so Verstandenen. Insofern will die Hermeneutik zum immer wieder neuen und nach Möglichkeit besseren Verstehen anleiten. Das ist nötig, weil sich das Verstehen immer in einem Zirkel vollzieht. Ich gehe immer mit einem Vorverständnis an sprachliche Äußerungen heran. Dieses kann – und sollte sich – in der Auseinandersetzung mit diesen Äußerungen verändern. Zudem nehmen mit meinen Erlebnissen und Erfahrungen mein Vorwissen und mein Vorverständnis eine andere Gestalt an. Wenn ich ein Buch nach vielen Jahren abermals lese, werde ich es anders verstehen als bei der ersten Lektüre. Deshalb ist das Verstehen ein Prozess, der nie zum Abschluss kommt.

Dieses Verstehen richtet sich auf alle drei Dimensionen der ethischen Orientierung. Es untersucht, was schon in Geltung ist und wie ich mich zu diesem Geltenden in Beziehung setze. Das Verstehen, um das es in der ethischen Orientierung geht, ist also kein Selbstzweck. Es dient dazu, mich besser zu verstehen. Dieses bessere Verstehen wiederum kann mir helfen, das Verhältnis zwischen meinem Denken und meinem Handeln zu klären, wenn es darum geht, mich in einer Situation zu entscheiden. Der Anlass einer solchen Klärung ist meist eine erlebte Dissonanz zwischen der Art und Weise, wie ich lebe, und den Vorstellungen davon, wie ich leben möchte. Die Auflösung dieser Dissonanz kann in zwei Richtungen erfolgen: Entweder kann ich mein Denken ändern oder mein Handeln. Meine Vorstellungen von einem gelingenden Leben können z. B. überzogen oder nicht realitätsgerecht sein. Umgekehrt kann ich beispielsweise erkennen, dass mein Handeln „eigentlich" nicht zu mir passt. Dann sollte ich etwa meine Berufswahl überprüfen oder das Zusammenleben mit dem Partner anders gestalten. Die Voraussetzung dieser Klärung ist in beiden Fällen das Verstehen.

Die Aufgabe der Ethik erschöpft sich nicht darin, Wertungen und Orientierungen zu beschreiben. Vielmehr ist die Aufgabe der Ethik auch die *Kritik der Praxis* einer Gemeinschaft, einer Gruppe oder meiner Person. Diese Kritik kann sich auf die Orientierungsmuster selbst richten. Sie fragt dann nach der Begründung von Normen und Prinzipien, nach den Argumenten, mit denen Werte oder Güter verteidigt oder Tugenden und Kompetenzen gefordert werden. Insbesondere richtet sich diese Kritik auch an die Üblichkeiten und Gepflogenheiten des alltäglichen Handelns. Kritik bedeutet allerdings nicht, wie es in der Umgangssprache anklingt, etwas schlechtzureden, abzustempeln und zu missbilligen. Kritik ist vielmehr eine Art der Analyse, des Auseinanderlegens von Zusammenhängen in einzelne Bestandteile, die nach den Gründen fragt, warum ich mich in einer bestimmten Situation in der einen oder anderen Weise verhalten soll. Zu dieser Kritik gehört damit auch das Verstehen des Kontextes, in dem sich für mich ein Orientierungsproblem stellt. Zu diesem Kontext gehören andere Akteurinnen mit je eigenen Vorstellungen vom richtigen Handeln, außerdem Organisationen, soziale Strukturen und gesellschaftliche Rahmenbedingungen mit ihrem jeweiligen Eigensinn. In diesem Sinne ist die Aufgabe der Ethik auch die Kritik der Praxis einer Gemeinschaft oder Gruppe. Auch diese bezieht sich auf grundlegende Normen und Werte, wie z. B. die Menschenwürde, die Autonomie der Personen oder die Solidarität mit Schwächeren. Aber die gesellschaftliche Praxis entspricht in manchen Fällen nicht diesen Orientierungen oder es treten neue Probleme auf, für die noch keine Orientierungsmuster gefunden wurden. Es ist daher kein Zufall, dass der Ruf nach Ethik immer dann laut wird, wenn andere Problemlösungsmechanismen (etwa des Rechts, der Wirtschaft oder der Wissenschaft) nicht mehr überzeugen können.

Die Ethik der Pflege erschöpft sich darum nicht in der Analyse und Bewertung individuellen pflegerischen Handelns. Sie bezieht die organisationalen Rahmenbedingungen in den Einrichtungen (in Kapitel 9) ebenso ein wie Fragen der Gesundheitspolitik (in Kapitel 12). Jeweils ist dabei zu klären, ob es unter schlechten, etwa unsolidarischen, Bedingungen überhaupt möglich sein kann, seinen Beruf gut auszuüben.

Literatur

Dallmann, Hans-Ulrich; Volz, Fritz Rüdiger (2013): Ethik in der Sozialen Arbeit, Schwalbach im Taunus (Wochenschau Verlag), (Grundlagen Sozialer Arbeit).

Düwell, Marcus; Hübenthal, Christoph; Werner, Micha H. (2011): Handbuch Ethik, 3. aktualisierte Auflage, Stuttgart, Weimar (Metzler).

Höffe, Otfried (2008): Lexikon der Ethik, 7., neubearbeitete und erweiterte Auflage, München (Beck).

Pieper, Annemarie (2007): Einführung in die Ethik, 6. überarbeite und aktualisierte Auflage, Tübingen, Basel (Francke).

Stegmaier, Werner (2008): Philosophie der Orientierung, Berlin, New York (de Gruyter).

Zur Pflegeethik:

Fölsch, Doris (2013): Ethik in der Altenpflege. Ethische Grundsätze als Wegweiser und Hilfe für die Pflegepraxis, Wien (Facultas).

Großklaus-Seidel, Marion (2002): Ethik im Pflegealltag. Wie Pflegekräfte ihr Handeln reflektieren und begründen können, Stuttgart (Kohlhammer).

Hiemetzberger, Martina (2013): Ethik in der Pflege, Wien (Facultas).

Körtner, Ulrich H. J. (2012): Grundkurs Pflegeethik, 2. überarbeitete und erweiterte Auflage, Wien (Facultas).

Lay, Reinhard (2014): Ethik in der Pflege. Ein Lehrbuch für die Aus-, Fort- und Weiterbildung, 2. aktualisierte Auflage, Hannover (Schlütersche).

Monteverde, Settimio (Hrsg.) (2011): Handbuch Pflegeethik. Ethisch denken und handeln in den Praxisfeldern der Pflege, Stuttgart (Kohlhammer).

Rabe, Marianne (2009): Ethik in der Pflegeausbildung. Beiträge zur Theorie und Didaktik, Bern (Huber).

Kapitel 2. Der gute Mensch – Anthropologische Aspekte für die Ethik der Pflege

Wie ich einen Menschen verstehe, so pflege ich ihn. Wir greifen immer schon auf implizite Menschenbilder zurück, wenn wir überlegen, was ein Mensch benötigt und wie wir ihn angemessen pflegen sollen. Diese Menschenbilder sind Ausdruck einer bestimmten Zeit und Kultur, sie haben ihren Niederschlag in Lebensformen und Praktiken gefunden. Sie sind nicht ethisch neutral. Sie sind mit Wertungen verbunden, mit Vorstellungen davon, was in besonderer Weise wichtig ist und das Leben eines Menschen ausmacht. In Berufen wie der Pflege bilden Menschenbilder einen Bestandteil der beruflichen Sozialisation; sie prägen den Blick auf den Menschen, der sich hinter der Patientin oder dem Bewohner verbirgt.

Menschenbilder sind ein Bestandteil des Ethos einer Gesellschaft oder Gruppe. Sie wirken meist implizit und setzen sich aus unterschiedlichen Versatzstücken zusammen. Für eine reflektierte professionelle Pflege ist es daher wichtig, sich mit diesen Vorstellungen auseinanderzusetzen. Sie sind auf ihre Triftigkeit ebenso zu befragen, wie nach den Folgen, die sie für die Praxis haben. Die Auseinandersetzung mit den Menschenbildern erfordert beides, das – bessere – Verstehen ihrer Grundlagen und Bedeutungen und die Kritik an ihren Voraussetzungen und Folgen. Es geht also nicht um eine zusätzliche, nun philosophische oder gar theologische, Belehrung der Pflegenden, sondern um eine kritische Rekonstruktion jener Vorstellungen, die die Pflege prägen.

Der Mensch – das Tier, das sich zu sich selbst verhält

In einem Radiogespräch in den sechziger Jahren des letzten Jahrhunderts mit Arnold Gehlen, einem zentralen und umstrittenen Vertreter der Philosophischen Anthropologie, entgegnete diesem Theodor W. Adorno, einer der einflussreichsten Autoren der Kritischen Theorie, dass es absolut unmöglich sei zu sagen, was der Mensch ist. Richtig daran ist sicherlich, dass sich der Mensch als weltoffenes Wesen nicht ein für alle Mal feststellen, positionieren lassen kann. Dieser Gedanke steht im Mittelpunkt des Denkens des Klassikers der Philosophischen Anthropologie, Helmuth Plessner. Dieser bezeichnet das zentrale Kennzeichen der menschlichen Existenz etwas sperrig als *exzentrische Positionalität.* Dies bezeichnet den offensichtlichen Sachverhalt, dass sich der Mensch zu sich selbst ins Verhältnis setzen kann. Ein Mensch ist nicht wie ein Baum einfach da, sondern er bezieht sich nicht allein im Denken, sondern auch im Fühlen, in seiner Leiblichkeit immer auch auf sich selbst (ob das auf andere Lebewesen wie z. B. Delfine oder Schimpansen zutrifft, ist an dieser Stelle nicht von Belang). Diese eigentümliche Doppelung – ich mache mich selbst zum Gegenstand meines Denkens und Fühlens – bezeichnet man im engeren Sinne als Existenz. Für Plessner folgen aus dieser exzentrischen Positionalität drei, wie er es nennt, anthropologische Grundgesetze: das der natürlichen Künstlichkeit, das der vermittelten Unmittelbarkeit und das des utopischen Standorts.

Mit *natürlicher Künstlichkeit* ist gemeint, dass der Mensch seine Umgebung, in der er leben kann, gestaltet und zum Teil selbst hervorbringt – ganz allgemein spricht man von Kultur. Die erste Natur, von der er selbst ein Teil ist, wird vom Menschen vorgefunden. Um sein Leben zu erhalten, greift er – nicht selten zerstörend – in diese ein. Dabei entsteht seine zweite Natur, zu der er ein differenziertes Verhältnis hat. Zum einen findet er diese ebenfalls bereits vor und muss sich mit ihr auseinandersetzen. Zum anderen greift er gestaltend und wiederum oft zerstörend in diese ein und schädigt damit gleichzeitig die erste Natur – und sich selbst, da er ein Teil von ihr ist. Kultur ist nicht im Gegensatz zur Natur zu verstehen, vielmehr gehört es zur Natur des Menschen, Kultur hervorzubringen, um sein Leben zu sichern und nach Möglichkeit gut zu leben.

Die *vermittelte Unmittelbarkeit* bezeichnet das Phänomen, dass der Mensch seine Welt bewusst erlebt. Der Mensch macht sich ein Bild der Realität und reagiert auf diese nicht direkt, sondern vermittelt über Wahrnehmung, Erfahrung und bewusste Verarbeitung. Die Wahrnehmung stellt bereits Zusammenhänge her, für die sich – aus der Psychologie stammend – der Begriff der Gestalt eingebürgert hat. Man hört z. B. eine Melodie und nicht einzelne Töne, man sieht eine Bewegung und nicht einzelne wechselnde Bilder, man schmeckt einen guten Wein und nicht einzeln Süße, Säure und Aromen, man ertastet einen Körper und nicht einzelne Oberflächenpunkte. In der kognitiven Verarbeitung werden die einzelnen Empfindungen anhand bestimmter Kategorien in einen Zusammenhang gebracht und nicht einfach additiv aufgehäuft.

Utopischer Standort bedeutet, dass der Mensch seine Existenz transzendieren kann. Er kann über sie hinausgehen, er ist nicht auf das Bestehende festgelegt, er ist zukunftsoffen. Eine Folge davon ist, dass es keine fundamentalen Sicherheiten gibt. Diese muss der Mensch immer erst herstellen, auch wenn sie nicht von Dauer sind. Damit hat der Mensch kein schon fertiges Wesen; er ist vielmehr ein Lebewesen, das sich immer wieder selbst herstellen muss. Er muss sich, in einer bewusst paradoxen Formulierung, zu dem machen, was er schon ist.

Zusammenfassend lässt sich erstens festhalten, dass der Mensch ein Lebewesen ist, das sich in Auseinandersetzung mit der Natur seine eigene kulturelle Lebenswelt erschafft und gestaltet. Unabhängig von dieser Lebenswelt sind Menschen nicht zu verstehen, sie können sich ohne sie nicht einmal selbst verstehen. Zweitens ist der Mensch ein Wesen, das seine Umwelt – und auch sich selbst – immer vermittelt wahrnimmt. Die Welt ist für Menschen darum immer eine gedeutete Welt. Für niemanden ist die Welt so, wie sie ist, sie ist immer so, wie sie oder er sie (re-)konstruierend versteht. Insofern bedeuten auch Gesundheit und Krankheit für einen Menschen etwas. Pflegende pflegen keine Sachverhalte, sondern Menschen, die ihrem und dem Tun anderer immer Sinn verleihen. Und schließlich leben Menschen ihr Leben zukunftsoffen. Sie sind nicht auf und durch das Bestehende festgelegt, sondern können es überschreiten. Hierin wurzelt die menschliche Spiritualität ebenso wie ein Engagement, das für nachfolgende Generationen die politischen und sozialen Verhältnisse ändern will.

Subjekt

Der Mensch ist ein Wesen, das seine Innen- von der Außenperspektive unterscheiden kann. Der Mensch kann sich selbst zum Thema machen, sich in seinem Denken und Handeln, in seiner Leiblichkeit auf sich selbst beziehen. Die Innenseite dieser Unterscheidung wird insbesondere durch zwei Begriffe bezeichnet, die jeweils eine Perspektive besonders betonen: Subjekt und Person. Grob unterscheidend lässt sich sagen, dass „Subjekt" in erster Linie ein Reflexionsbegriff ist und „Person" ein Relationsbegriff. Unter dem Subjektbegriff wird die Einheit der Unterscheidung zwischen Innen- und Außenperspektive thematisiert; es geht dabei um das Ich, das Selbstbewusstsein, welches im Zentrum der Unterscheidung steht. Unter dem Person-Begriff geht es um die Identität, um das Sich-gleich-Sein, sowie um das Verhältnis der Personen in kommunikativen Prozessen. Hier ist der Person-Begriff eng mit dem der Würde verbunden. Wir werden zunächst den Subjekt-Begriff näher beleuchten und wenden uns dann dem Person-Begriff zu.

Der Mensch ist ein Wesen, das „ich" sagen kann. Menschen können das nicht von Anfang an. Frühestens im zweiten Lebensjahr nehmen sie sich als Individuum wahr und können das Wort „ich" kompetent verwenden. Wer „ich" sagen kann, verfügt über ein Bewusstsein seiner selbst. Diese auf den französischen Philosophen René Descartes zurückgehende Bestimmung führt dann zur Ausarbeitung eines umfassenden Begriffs des Subjekts. Seine heutige Bedeutung erhält der Begriff in der Folge der Philosophie Kants. Vereinfacht gesagt geht es um das, was der Vielfalt der Erfahrungen eine *Einheit* verleiht. Dies gilt für die Erkenntnis ebenso wie für die Zurechnung von Handlungen. Und diese Instanz, so Kant, ist das Ich, das sich bei allen Denkakten immer schon selbst voraussetzen muss. Dahinter steht die alltägliche Erfahrung, dass es mir möglich ist, mich auf etwas außerhalb meiner selbst zu beziehen. Dabei wird das *Subjekt* zum Platzhalter dafür, dass diese Bezüge auf die Außenwelt irgendwie zusammengehalten werden müssen. Vertrackt wird die Problematik noch dadurch, dass ich mich selbst zum Gegenstand meiner Erfahrung machen kann. Das geht aber, so diese Vorstellung, nur, wenn es eine einheitsstiftende Instanz gibt, die im Zentrum aller Welt- und Selbstbezüge steht.

Mit anderen Worten: Die Unterscheidung zwischen Subjekt und dem anderen seiner selbst – das dann den Titel Objekt erhält – markiert die Differenz zwischen Innen- und Außenperspektive, es fungiert gewissermaßen als die Einheit dieser Differenz. Zugegebenermaßen eine komplizierte Denkfigur. Aber sie ermöglicht die Behandlung des Problems, wie ich, der ich zunächst auf meine Binnenperspektive beschränkt bin, überhaupt eine Vorstellung von der Welt außerhalb meiner selbst erhalten kann. Mit der Entfaltung dieser Frage beschäftigt sich die Erkenntnistheorie. Für unser Thema von größerer Relevanz ist die handlungstheoretische Bedeutung des Subjekt-Begriffs.

Den Zugang zu meiner Innenperspektive erhalte ich nur in Verbindung mit der Außenperspektive. Der Weg ins Innere führt über die Außenwelt. Das *Selbstbewusstsein,* also das Bewusstsein eines Selbst als eines Verhältnisses (innen–außen), das sich zu sich selbst verhält, entfaltet sich nur in Prozessen, in denen es mit anderen „Selbsten“ interagiert. Diese, wiederum etwas komplizierte Denkstruktur, geht auf Georg Wilhelm Friedrich Hegel zurück. Im Zentrum dieser wechselseitigen Selbstbestimmung liegt die Anerkennung des Anderen. Je nach der Reichweite dieser Interaktionen – im Nahbereich, im Bereich von Staaten oder global – lassen sich unterschiedliche Anerkennungsverhältnisse und deren Missachtung beschreiben. Sie stellen sich dar als Liebe (Nahbereich), Recht (Staaten) und Solidarität (global) und werden pervertiert durch Vergewaltigung, Entrechtung und Entwürdigung.

Wir sind bei der Erläuterung des Subjekt-Begriffs beim Ich gestartet und bei der Weltgesellschaft gelandet. Subjekte konstituieren sich nur in sozialen Zusammenhängen. Deswegen verschwimmen die unterschiedlichen Nuancen des Subjekt- und des Person-Begriffs. Versteht man Subjekt als *handlungstheoretischen Begriff,* dann sind Individuen solche Subjekte, denen Handlungen zugerechnet werden können. Hieraus ergibt sich eine Reihe von grundlegenden Fragen. Die wichtigste ist an dieser Stelle, ob das Subjekt Ausgangspunkt, letzte Ursache seiner Handlungen ist oder ob es sich beim Subjekt nur um eine Konvention handelt, die Zuschreibungen ermöglicht. Es geht letztlich um die Frage der Freiheit – hierauf kommen wir später ausführlicher zu sprechen. Es scheint offensichtlich zu sein, dass ein Individuum nur dann für seine Handlungen verantwortlich gemacht werden kann, wenn es diese selbst hervorgebracht hat. Niemand wird für etwas zur Verantwortung gezogen, was ihm oder ihr selbst nur zugestoßen ist. Wir machen selbstverständlich einen Unterschied, ob jemand absichtlich einen anderen Menschen – z. B. in der Straßenbahn – anrempelt oder er nur an diesen stößt, weil er selbst von einem anderen gestoßen wurde. Im ersten Fall würden wir sagen, dass er oder sie das Rempeln selbst verursacht hat, im anderen nicht. Wenn wir so urteilen, gehen wir von einigen stillschweigenden Voraussetzungen aus. Wir unterstellen etwa *Kausalität,* also einen Zusammenhang von Ursache und Wirkung in dem Sinne, dass jedes Vorkommnis – und jede Handlung – durch seine Ursachen determiniert ist. Wenn die und die Voraussetzungen gegeben sind, folgt daraus jenes Ergebnis mit Zwangsläufigkeit.

Wir unterstellen außerdem beim sozialen Handeln die Fähigkeit, Absichten zu haben. Man spricht von Intentionalität (wobei vorsichtshalber darauf hinzuweisen ist, dass *Intentionalität* in anderen Zusammenhängen noch eine andere Bedeutung haben kann). Deshalb sind wir in der Lage, absichtsvolles von unabsichtlichem Handeln zu unterscheiden und unterschiedlich zu bewerten. Bei sozialem Handeln gehen wir zudem davon aus, dass Akteure über ein Mindestmaß an *Rationalität* verfügen. Wir unterstellen, dass sie in der Lage sind, die Folgen ihres Tuns abschätzen zu können, und dass sie die Mittel, die sie zur Erreichung ihrer Ziele benötigen, unter Effektivitäts- und Effizienzkriterien kalkulieren können.

Das alles sind keine Selbstverständlichkeiten. So hat die Rationalitätsunterstellung deutliche Grenzen. Von einem kleinen Kind erwarten wir andere Standards als von Erwachsenen. Deshalb macht das Bürgerliche Gesetzbuch altersbedingte Unterschiede in der Deliktsfähigkeit. Gleiches gilt für Menschen, die über die genannten Voraussetzungen nicht mehr verfügen, sei es durch Erkrankungen oder äußere Einflüsse. Zudem gibt es Situationen, in denen Personen zwischenzeitlich diese Kompetenzen verlieren, etwa in Rauschzuständen oder in einer Panik.

Bei der Intentionalität stellt sich die Frage, welche Rolle Absichten in unserem Handeln überhaupt spielen. Denn es ist in den meisten Fällen ja nicht so, dass ich erst explizit eine Absicht formuliere und dann rational Handlungsalternativen abwäge und schließlich eine davon umsetze. Vielmehr stehe ich z. B. auf, gehe in die Küche. Gefragt, was ich dort wolle, antworte ich etwa: „Ich mache mir einen Kaffee." Die konkrete Intention formuliere ich also nachträglich, um meine Handlung zu erklären. (Um zu erfahren, dass wir zumeist ohne explizite Intentionen Handlungen ausführen, kann man leicht ein einfaches Experiment durchführen: Versuchen Sie, über einen längeren Zeitraum alle ihre Handlungen explizit intentional zu steuern! Sie werden sehen, Sie kommen damit nicht sehr weit.) In diesem Sinn sind Absichten nicht Ursachen unserer Handlungen, sondern Gründe. Gründe gebe ich an, um meine Handlungen mir und anderen gegenüber zu erklären, sie verständlich zu machen.

Personalität und Identität

Der Mensch ist ein Wesen, das seine Innen- von der Außenperspektive unterscheiden kann. Der Mensch kann sich selbst zum Thema machen, sich in seinem Denken und Handeln, in seiner Leiblichkeit auf sich selbst beziehen. Die Unterscheidung zwischen dieser Innen- und Außenperspektive wird jedoch zum Problem, sobald man sich ihrer bewusst wird. Denn es stellt sich dann die Frage, wer ich „wirklich" bin. Es ist nicht nur so, dass – und das ist ganz selbstverständlich – andere mich anders sehen als ich mich selbst. Es ist auch so, dass mein Bild von mir auf das bezogen ist, was ich – wie in einem Spiegel – in den Augen der anderen von mir erblicke. Die Frage der Identität ist sehr eng mit dem Begriff der Person, auf den wir gleich ausführlicher zu sprechen kommen, verknüpft. Diese Frage stellt sich auch deshalb, weil Menschen sich in der Zeit verändern. Das betrifft zum einen den Körper. Er ist zunächst Wachstums- und dann Alterungsprozessen unterworfen. Ich bin nicht mehr der, der ich als Kind war, und doch irgendwie derselbe. Schon in kürzeren Zeitabständen verändern sich die Elemente, aus denen mein Körper besteht: Innerhalb von etwa sieben Jahren werden die Körperzellen – bis auf die Gehirnzellen, die einfach nur absterben – ausgetauscht und durch neue ersetzt. Die Veränderung betrifft zum anderen meine mentalen Zustände, grob gesagt meinen Geist. Auch diese verändern sich. Ich verändere mich mit den Erfahrungen, die ich mache, mit den Dingen, die ich lerne, mit den Überzeugungen, die ich neu erwerbe oder als nicht mehr angemessen ablege. Wenn es so ist, dass ich mich – körperlich und geistig – ständig verändere, dann ist die Frage, was dann meinen Kern oder in anderer Begrifflichkeit mein Wesen ausmacht. Aus der Innenperspektive scheint das noch unproblematisch zu sein, aber aus der Außenperspektive können die Veränderungen massiv ausfallen. Ist sie noch ganz die Alte oder hat sie sich total verändert?

In der Philosophiegeschichte ist dieses Problem in vielfacher Weise thematisiert worden. Diese Geschichte lässt sich hier nicht erzählen. Aber eine zentrale Antwort auf die Frage, wie bei aller Kontinuität so etwas wie Identität hergestellt werden kann, lautet: durch das Gedächtnis. Das manifestiert sich in den Geschichten, die wir über uns erzählen; im englischsprachigen Raum spricht man von den „*Stories*". Die Geschichten, die ich über mich erzähle, bleiben im Verlauf meines Lebens nicht identisch. Die Erfahrung einer

Trennung z. B. kann die Geschichte, die ich über die Beziehung, die nun beendet ist, erzähle, grundlegend verändern. Ich sehe die Begebenheiten dann anders, in einem neuen Licht. Das liegt daran, dass diese Geschichten nicht einfach Fakten aneinanderreihen, sondern dass die Geschichten diese Fakten interpretieren, in einen Bedeutungszusammenhang stellen. Außerdem verändern die Geschichten dabei häufig ihre Inhalte. Das Gedächtnis funktioniert nicht wie ein Speicher, in dem alles aufgehoben wird. Das Gedächtnis wählt aus, gewichtet nach Bedeutsamkeit, es vergisst und fügt anderes hinzu. Nimmt man das ernst, dann ist die personale Identität nichts Fixes, nichts ein für alle Mal Festgelegtes, vielmehr befindet sie sich im Fluss. Sie gleicht eher einem Prozess als einer festen Struktur.

Was bedeutet das für die Pflege? Zunächst ganz einfach, dass wir es bei Pflegehandlungen mit Personen zu tun haben, die Selbstbeschreibungen ihrer selbst anfertigen, die Ausdruck davon sind, wie diese sich selbst verstehen, sich selbst interpretieren. Wie alle Interpretationen können diese mehr oder minder angemessen sein. Sie sind nicht einfach richtig oder falsch. Wer sollte das entscheiden können? Zumal sich wieder das Problem der unterschiedlichen Innen- und Außenperspektive ergibt. Trotzdem kann die Sicht auf sich selbst verzerrt sein, nur das Negative betonen – oder nur das Positive. Das Handeln der Personen hängt von der jeweiligen Selbstbeschreibung ab. Verstehe ich mich als einen Menschen, dem nie etwas gelingt, ist die Wahrscheinlichkeit groß, dass ich mit meinen Wünschen und meinen Plänen scheitern werde. Habe ich Größenphantasien, werde ich keinen realistischen Blick auf meine Begrenzungen erhalten, sondern alles Scheitern und alle Probleme anderen Menschen oder den Umständen zurechnen. Deshalb ist die Suche nach angemessenen Selbstbeschreibungen ein wichtiger Punkt in pflegerischen Beziehungen zwischen Professionellen und ihren Patientinnen und Bewohnern. Ebenso steht das Selbstverständnis der Pflegenden auf dem Spiel, zumal nicht selten personale und berufliche Identität eng verknüpft sind. Orientierungsprobleme ganz eigener Art stellen sich dann, wenn berufliche Realität und die eigenen Vorstellungen von guter Pflege immer weiter auseinanderdriften. Eine Folge dieser Konstellation wird von Karin Kersting als „Coolout" analysiert.

Offen geblieben ist bei den Überlegungen zur personalen Identität, was mit *Person* konkret gemeint ist. Ist der Mensch erst einmal Mensch und dann auch noch eine Person oder sind Menschsein und Personsein gleichbedeutend? Der Begriff Person stammt aus dem antiken Theater. „Prosopon", wovon sich Person herleitet, ist die Maske, durch die der Schauspieler spricht. Er selbst ist gleichsam hinter der „Person" verborgen. Im übertragenen Sinne könnte man sagen, dass die Person das ist, womit man sich im öffentlichen Leben präsentiert. Oder noch einmal anders: Person ist das, als was man sich in der Kommunikation zu erkennen gibt. Die Person fungiert so als Adresse, an die Kommunikation gerichtet wird und von der man Antwort erwartet. Personen sind Menschen, die sich als ein „Jemand" ansprechen lassen, die nicht nur ein „Etwas" sind (so die Formulierung des Philosophen Robert Spaemann), über das geredet und entschieden wird. Um als ein Jemand angesprochen werden zu können, müssen eine Reihe von Voraussetzungen erfüllt sein. So braucht eine Person einen Namen. (Deswegen ist es so wichtig, Personen mit ihrem Namen anzureden, denn nur so wird gezeigt, dass man sie als einen Jemand akzeptiert, und nicht nur über sie, wie über ein Etwas, spricht.) Indem man Kindern einen Namen gibt, werden sie als jemand behandelt, der Mitglied der Kommunikationsgemeinschaft ist, sie werden als Personen anerkannt.

Um jedoch als kompetente Sprecherinnen fungieren zu können, werden weitere Kompetenzen erwartet. So schreibt man Personen Rationalität zu. Zumindest in dem Sinn, dass sie verstehen, was sie hören und von sich geben, und dass eine gewisse Konsistenz zwischen dem, was sie sagen, und dem, was sie tun, besteht. Von Personen wird erwartet, dass sie Absichten haben und abwägen können, mit welchen Mitteln sie ihre Ziele erreichen können. Zudem wird eine gewisse zeitliche Stabilität ihrer Überzeugungen und Absichten erwartet, mithin eine Verlässlichkeit, die es ermöglicht, Erwartungen an sie zu richten. Ohne diese Stabilität wäre es sinnlos, Erwartungen zu bilden, und ohne Erwartungen aneinander (die selbstverständlich nicht immer erfüllt werden müssen) wäre ein Zusammenleben der Menschen nicht denkbar. Schließlich schreibt man Personen ein Mindestmaß von Autonomie zu, die Fähigkeit, einen Willen auszubilden und sich an diesem im eigenen Handeln zu orientieren. Personen sind Wesen, die sich selbst bestimmen können.

Zusammenfassend lässt sich sagen, dass mit den Begriffen „Subjekt" und „Person" die Individualität der Menschen thematisiert ist. Die Pflege von

Menschen muss davon ausgehen, dass Menschen sich selbst bestimmen, sich (kritisch) auf sich selbst beziehen können und zurechnungsfähig sind. Zu pflegende Menschen sind kein Etwas, sondern immer ein Jemand, egal in welchem körperlichen oder geistig-seelischen Zustand sie sich aktuell befinden. Es ist von zentraler Bedeutung, sich selbst und die Menschen, mit denen man zu tun hat, als unauswechselbare Subjekte ihrer Lebensführung ernst zu nehmen. Das zentrale Prinzip der (Patienten-)Autonomie (ausführlicher in Kapitel 6 diskutiert) hat hierin seine Wurzeln. Ebenfalls bedeutend für die Pflege ist die Vorstellung der narrativen Identität. Hier kommt in den Blick, warum eine biografieorientierte Pflege nicht nur bei alten Menschen wichtig ist.

Leiblichkeit

Versteht man den Menschen vor allem als autonome Person oder als Subjekt, gerät man leicht in die Gefahr, eine Selbstverständlichkeit zu übersehen. Der Mensch ist vor allem ein Lebewesen, das leiblich existiert, das mit seinem Leib eins ist. Allerdings hat sich im Verlauf seiner Geschichte der Mensch immer stärker von seiner vernünftig bestimmten seelischen oder geistigen Struktur her verstanden und die leibliche Fundierung der menschlichen Existenz tendenziell abgewertet. In der Neuzeit wird die Unterscheidung zwischen Leib und Seele durch eine weitere Unterscheidung überformt, die zwischen Leib und Körper. Diese Differenzierung hat ihren Ursprung in der menschlichen Fähigkeit, sich im Bewusstsein von sich selbst zu distanzieren; dazu gehört die Möglichkeit, sich von seiner leiblichen Verfasstheit zu distanzieren und sich gleichsam von einer Außenperspektive wahrzunehmen. Wenn dann – wie z. B. bei Descartes – Leib und Seele unterschiedliche Substanzen sind, wird der Leib aus der Perspektive des Bewusstseins nur noch aus der Außenperspektive gesehen: nämlich als Körper. Pate hierfür steht der „anatomische Blick". Der menschliche Körper wird als Maschine begriffen, die den Geist oder die Seele nur beherbergt. Diese Maschine kann man in der Pathologie, bei der Öffnung von Leichen studieren und analysieren. Dort werden die Mechanismen entdeckt, die helfen, bei Defekten reparieren zu können oder manipulierend die Leistungsfähigkeit des Körpers zu steigern.

Die Sphäre der Leiblichkeit wiederzuentdecken und Zugänge zu ihr zu schaffen, ist ein zentrales Anliegen phänomenologisch orientierter Philosophie. Einen Zugang zu dieser Art zu denken, findet sich in der Philosophie von Bernhard Waldenfels. Dieser geht davon aus, dass der *Leib* ein „Ding besonderer Art“ ist, das sich charakteristisch von anderen Gegenständen unterscheidet. Er unterscheidet sich zunächst durch seine *Permanenz.* Diese drückt sich darin aus, dass ich von meinem Leib keinen Abstand nehmen kann. Er ist mir immer in einer Perspektive gegeben. Das zeigt sich paradoxerweise besonders beim Betrachten des Spiegelbildes, bei dem, vor allem wenn es überraschend geschieht, sich häufig ein Gefühl der Fremdheit einstellt. Ein weiteres Merkmal ist die *Doppelempfindung.* Damit ist die Selbstbezüglichkeit der Leibempfindung angesprochen; was das meint, lässt sich anschaulich machen, wenn eine Hand die andere ertastet. Wie beim Spiegelbild sind Tastendes und Ertastetes nicht identisch; die Leibempfindung ist auf sich selbst bezogen und produziert dabei immer eine gewisse Differenz. Eine dritte Besonderheit des Leibes ist die *Affektivität.* Affektivität meint etwas Anderes als bloße Reizbarkeit durch äußere Einflüsse. Wie am Beispiel des Schmerzes deutlich wird, geht es weniger um eine räumliche Lokalisierung des Reizes, sondern eher um einen Zustand, der den gesamten Leib affektiert: „Man fühlt sich selber im Schmerz“. Wenn auch die Schmerzempfindung von einem bestimmten Punkt ausgeht, bleibt der Schmerz nicht darauf beschränkt, sondern nimmt einen eigenen Raum ein. Schließlich ist weiter die *kinästhetische Empfindung* zu nennen. Dies meint, dass Bewegung und Empfindung untrennbar miteinander verbunden sind. Zuletzt ist noch zu nennen, dass der Leib als eigenes Willensorgan bezeichnet werden kann. Damit soll die klassische Leib-Seele-Unterscheidung dadurch unterlaufen werden, dass bei Körperbewegungen gar nicht sinnvoll zwischen Bewegendem und Bewegtem unterschieden werden kann. Worauf die phänomenologische Theorie des Leibes abzielt, ist ein nichtdualistisches Verständnis vom Menschen. Von dieser Bestimmung ausgehend, lässt sich der Leib in den drei Dimensionen des Welt-, Selbst- und Fremdbezugs näher bestimmen.

Geht man von einer solchen phänomenologischen Perspektive aus, verändert sich das Verständnis von Pflege immens. Die Perspektive des anderen Menschen ersetzt dann den distanzierenden und klassifizierenden Blick auf ihn. Das hat Auswirkungen bis zur Methodik der Forschung. Phänomenologisch orientierter Pflegeforschung entsprechen vor allem qualitative Verfahren, die das Erleben und die Sicht der Betroffenen als Fokus wählen (z. B. den Verlust der Körperwahrnehmung bei dauerhaftem Liegen), um von dort aus Perspektiven für die eigene Praxis abzuleiten. Zudem sind die Auswirkungen der aktuellen leiblichen Verfasstheit auf die Psyche auch der Pflegenden nur zu bekannt. Oft beschriebene Phänomene wie Rückenschmerzen oder ein Schlafdefizit verändern das pflegerische Handeln nicht nur wegen der körperlich-leiblichen Symptome, sondern sie betreffen die Pflegeperson als Ganze.

Literatur

Cassirer, Ernst (1996): Versuch über den Menschen. Einführung in eine Philosophie der Kultur, Hamburg (Meiner).

Ist die Soziologie eine Wissenschaft vom Menschen? Theodor W. Adorno und Arnold Gehlen im Gespräch, Sendung SWF am 28.03.1966, abgedruckt in: Grenz, Friedemann: Adornos Philosophie in Grundbegriffen. Auflösung einiger Deutungsprobleme, Frankfurt (Suhrkamp) 1974: S. 224–251.

Kersting, Karin (2013): „Coolout" in der Pflege. Eine Studie zur moralischen Desensibilisierung, 2. Auflage, Frankfurt (Mabuse).

Spaemann, Robert (1996): Personen. Versuche über den Unterschied zwischen „etwas" und „jemand", Stuttgart (Klett-Cotta).

Thies, Christian (2004): Einführung in die philosophische Anthropologie, Darmstadt (Wissenschaftliche Buchgesellschaft).

Waldenfels, Bernhard (2000): Das leibliche Selbst. Vorlesungen zur Phänomenologie des Leibes, Frankfurt (Suhrkamp).

Kapitel 3. Gesundheit und Krankheit

Die Pflege hat ein zwiespältiges Verhältnis zu den Begriffen Gesundheit und Krankheit. Dies hängt inhaltlich damit zusammen, dass Pflegebedürftigkeit und Krankheit nicht notwendig miteinander verknüpft sind. Hinzu kommt, dass die Begriffe traditionell sehr eng mit der Medizin verbunden sind; demgegenüber sind die Gesundheits- und die Pflegewissenschaft vergleichsweise junge Disziplinen. Allerdings bedarf es auch in der Pflege einer näheren Bestimmung von Gesundheit, wenn Prävention und Gesundheitsförderung als pflegerische Aufgaben verstanden werden sollen.

In der Perspektive ethischer Orientierung kann es nicht darum gehen, einen Gesundheits- und einen Krankheitsbegriff zu entwickeln. Aber es ist nach der ethischen Dimension im Verständnis von Gesundheit und Krankheit zu fragen, denn beide Begriffe sind nicht wertneutral, sondern haben normative und evaluative Implikationen. Das zeigt sich schon alltagssprachlich, wenn von Gesundheit als einem hohen oder gar dem höchsten Gut gesprochen wird.

Die Verborgenheit der Gesundheit – und die Aufdringlichkeit der Krankheit

In seinen Reflexionen zu Gesundheit und Krankheit kommt der Philosoph Hans-Georg Gadamer zur Beobachtung, dass uns die Gesundheit im alltäglichen Leben verborgen ist. Anders als eine Krankheit können wir sie nicht direkt spüren. Gesundheit hat nicht im gleichen Sinne Symptome wie Krankheiten. Verborgen ist Gesundheit auch in dem Sinn, dass sie am ehesten auffällt, wenn sie fehlt. Daher ist es verständlich, wenn gewöhnlich Krankheit und Gesundheit als Gegensätze aufgefasst werden. Aber sind sie das wirklich? Krankheit und Gesundheit sind ja keine Zustände, die man entweder hat oder nicht hat. Was wäre in diesem Sinne ganz krank oder ganz gesund? Zumal die entsprechenden Adjektive problemlos steigerbar sind. Man kann sich heute kranker fühlen als gestern und morgen gesünder als heute. Deshalb werden Krankheit und Gesundheit oft als Extreme eines Kontinuums verstanden, auf dem sich irgendwo zwischen den Extremen die aktuelle Befindlichkeit lokalisieren lässt; bekannt ist dies aus der Theorie der Salutogenese von Aaron Antonovsky. Das leuchtet nur bedingt ein.

Selbstverständlich gibt es „schlimmere" und „weniger schlimme" Krankheiten. Die Vorstellung eines Kontinuums legt jedoch den Gedanken nahe, es gäbe einen Maßstab, mit dem ich unterschiedliche Zustände so bestimmen könnte, dass eine klare Positionsangabe auf dem Kontinuum möglich ist. Einen solchen Maßstab gibt es nicht. Zudem sind Gesundheit und Krankheit nicht so stark miteinander verknüpft, wie es den Anschein hat. Wenn ich ausgeruht und unternehmungsfreudig bin, fühle ich mich gesünder, als wenn ich müde und ausgelaugt von der Arbeit nach Hause komme. Nur ist das Müde- und Ausgelaugtsein kein Anzeichen von Krankheit, sondern nach einem anstrengenden Arbeitstag vollkommen normal.

Auch sind viele Einschränkungen, die mein Gefühl der Gesundheit mindern, nicht Ausdruck von Krankheit. Alterungsprozesse z. B. schränken in bestimmter Hinsicht die Leistungsfähigkeit ein, aber Altern ist keine Krankheit, sondern ein natürlicher Lebensprozess. Gleiches gilt für eine Schwangerschaft, die auch mit körperlichen Beschwerden verbunden ist – und unter Umständen auch das Leben der werdenden Mutter bedrohen kann. Aber auch Schwangerschaft ist keine Krankheit, sondern ein natürlicher Lebensprozess. Gleiches gilt für psychische Phänomene, die ebenfalls mit einem Leidensgefühl verbunden, aber keineswegs als Krankheit zu verstehen sind, wie etwa Trauer.

Diese wenigen Überlegungen zeigen bereits, dass Gesundheit und Krankheit zu den Begriffen gehören, die im Alltag vollkommen klar und geläufig sind, aber bei denen Schwierigkeiten entstehen, wenn präziser bestimmt werden soll, was sie eigentlich bedeuten. Geht man zunächst von der Definition der Weltgesundheitsorganisation aus, die Gesundheit nicht allein als das Fehlen von Krankheit und Gebrechen, sondern als einen Zustand vollkommenen körperlichen, geistigen und sozialen Wohlbefindens bestimmt, wird Gesundheit mit dem identifiziert, was die jüdische Tradition Schalom nennt, umfassendes Heil. Gegen alle an der WHO-Definition geäußerten Kritik muss allerdings festgehalten werden, dass sie die deutsche Wortbedeutung genau trifft: heil und ganz.

Für die Ethik in der Pflege ist es allerdings nicht nötig, sich auf einen präzisen Begriff von Gesundheit und Krankheit festzulegen – und schon gar nicht, ihn selbst zu entwickeln. Es wäre auch gar nicht möglich. Weder in der

Medizin noch in den Gesundheitswissenschaften ist bislang ein Vorschlag entwickelt worden, der für zumindest die meisten Autorinnen und Autoren konsensfähig wäre. Einige Grundsätze zeichnen sich jedoch ab. Zum einen, dass jedes Verständnis von Krankheit und Gesundheit zwei Perspektiven aufeinander beziehen sollte: den Blick von außen und den von innen. Es gibt einen auch von anderen Personen beobachtbaren Anteil (Symptome) sowie einen prinzipiell nur aus der eigenen Perspektive wahrzunehmenden leidenden (pathischen) Anteil. Körperliche und psychische Phänomene sind mit einem subjektiv empfundenen Leiden kombiniert. Zum anderen zeichnet sich ein Konsens darüber ab, dass Gesundheit und Krankheit multifaktoriell bedingt sind. Neben biologischen Mechanismen spielen Umweltfaktoren, die Lebensführung und die psychische Verarbeitungskapazität (von z. B. Stress) eine zentrale Rolle. Aus diesem Grund werden aktuell auch vermehrt kybernetische oder systemtheoretische Ansätze diskutiert. Und schließlich wird gesehen, dass die Begriffe sowohl deskriptive als auch normative Anteile haben. Sie hängen nicht zuletzt von den Vorstellungen der Menschen ab und deswegen auch von sozialen und kulturellen Wertschätzungen, die über eine erhebliche Bandbreite variieren können.

Die ethischen Aspekte von Gesundheit und Krankheit werden wir in drei Hinsichten diskutieren und uns dabei an drei unterschiedlichen Bezügen orientieren, an Fragen des Heilens, der Prävention und der Optimierung.

Ethik des Heilens

Dass es gut ist, eine Krankheit zu heilen, steht in der Regel außer Zweifel. Und wenn die Therapie weitgehend frei von Nebenwirkungen und allen Betroffenen zugänglich ist, spricht sicher nichts gegen sie (von einigen seltenen Ausnahmen einmal abgesehen). Nur ist es in der Realität meist komplexer. Chronische Erkrankungen lassen sich nicht heilen, man kann nur versuchen, sie zu stabilisieren und mit ihnen auszukommen. Bei Multimorbidität kommt es zu Pendeleffekten: Wenn das eine Problem behandelt wird, verstärkt es unter Umständen die Probleme in anderen Bereichen. Eine Ethik des Heilens hat dort ihr Thema, wo Linderung oder Heilung mit negativen Nebenwirkungen verbunden sind oder wo die Weiterführung einer Therapie grundsätzlich fraglich wird.

In der Pflege zeigt sich diese Problematik beispielsweise zum einen bei der Pflege lebensbedrohlich erkrankter Patientinnen und Patienten und zum anderen beim Umgang mit Personen, die Pflegehandlungen – aus welchen Gründen auch immer – ablehnen oder keine Nahrung und Flüssigkeit zu sich nehmen (wollen). Zu ethischen Konflikten kann es dann kommen, wenn zwischen der Autonomie der Patienten oder Bewohnerinnen und der Fürsorge(-verpflichtung) der Pflegenden abzuwägen ist. Auf das Konzept der Patientenautonomie werden wir in Kapitel 5 und auf die eben beschriebenen Konflikte im Kapitel 7 näher eingehen.

Ethik der Prävention

Prävention richtet sich auf Probleme, die noch nicht aufgetreten sind und vielleicht in der Zukunft auftreten werden. Es werden in der Gegenwart Maßnahmen vorgenommen, die das mögliche zukünftige Entstehen der Probleme entweder verhindern oder doch zumindest weniger wahrscheinlich werden lassen. In diesem Zusammenhang ist es wichtig, zwei Begriffe zu unterscheiden, die sich beide auf potenzielle Schädigungen beziehen: Risiko und Gefahr. Die Herkunft des Schadens wird bei ihnen unterschiedlich zugerechnet: Bei Gefahren droht der Schaden aus der Umwelt eines Systems (insofern gibt es eine Erdbebengefahr), bei Risiken droht der Schaden aus den Entscheidungen eines Systems, mit Gefahren umzugehen (insofern besteht ein Risiko, wenn Atomkraftwerke z. B. nicht hinreichend gegen Erdbeben gesichert werden; dieses Risiko wird dann jedoch von den Anwohnern im Umfeld eines AKW als Gefahr gesehen, denn sie können das nicht einer eigenen Entscheidung zurechnen). Deshalb werden schon auf der Ebene der Primärprävention die Interventionen unterschiedlich aussehen, je nachdem ob sie sich auf Gefahren (z. B. durch Umweltzustände wie Schadstoffemissionen) oder auf Risiken (z. B. durch bestimmtes Verhalten) beziehen. Bei zu hoher Schadstoffbelastung wird eine Aktion „Atmet saubere Luft!“ wenig Sinn ergeben. Die unterschiedliche Zurechnung der potenziellen Schädigung auf die Umwelt oder die Entscheiderin wird meist nicht moralisch neutral vollzogen. Selbst- und fremdverschuldet zugeschriebene Schädigungen werden ungleich bewertet (wir kommen darauf in Kapitel 6 zurück).

Der Präventionsgedanke selbst ist so alt wie die Sorge der Menschen um ihre Gesundheit. Ebenso ist die Idee, durch hoheitliche Interventionen in die Lebensführung der Bürgerinnen und Bürger einzugreifen, nicht auf die letzten hundert Jahre beschränkt. Bekannt sind die Überlegungen des griechischen Philosophen Platon zur gymnastischen Erziehung und zur eugenischen Bevölkerungspolitik. Auch in der antiken hippokratischen Medizin oder bei Galen waren Diätetik und Hygiene zentraler Bestandteil ärztlicher Tätigkeiten. In der Moderne hat sich eine umfassende staatliche Präventionspolitik aus der Seuchenabwehr entwickelt. Diese stand zunächst in der Tradition der „guten Policey", die im 18. Jahrhundert auf das staatliche Gesundheitswesen ausgedehnt wurde (darauf werden wir ausführlich in Kapitel 12 eingehen).

Spezifisch neuzeitlich ist die Fokussierung auf bestimmte Probleme und Perfektionsideale. Es sind der Glaube an die Herstellbar- und Machbarkeit von Gesundheit sowie der Glaube, mit Wissenschaft und von ihr entwickelten Techniken und Methoden künftig alle negativen Vorkommnisse, die mit Krankheit, Pflegebedürftigkeit und Ähnlichem einhergehen, wenn nicht abschaffen, so doch wirksam begrenzen zu können.

Ein Grund für die aktuelle Karriere des präventiven Denkens dürfte die *Beschleunigung* der Lebensverhältnisse sein. In immer kürzeren Abständen entstehen immer mehr Optionen mit ihren je eigenen Chancen und Risiken. Die daraus resultierende Unsicherheit über die künftigen Verhältnisse entwächst jedoch nicht mangelndem Wissen oder zu geringer Information. Das Gegenteil ist der Fall. Die Kenntnis der Umstände hat sich immens vermehrt, wodurch sich die Ungewissheit jedoch nicht nur nicht verringert, sondern sogar erhöht hat. Gerade die Kenntnis von Eingriffsmöglichkeiten, von zu modifizierenden Verhältnissen macht aus Gefahren, die nicht auf die Handelnden zugerechnet werden können, fast inflationär Risiken, die den Individuen zugerechnet werden. „Sie hätten es besser wissen und deshalb auch anders handeln können." Der Präventionsdiskurs stabilisiert sich selbst. Risiken können anders als Gefahren gemieden werden; und eine dieser Vermeidungsmöglichkeiten ist die Prävention.

Problematisch ist vor allem die Kausalitätsunterstellung. Sollen präventive Maßnahmen geplant, sollen Indikatoren für eine Früherkennung definiert werden, ist vorausgesetzt, dass die kausalen Mechanismen bekannt sind, die für das erwartete Auftreten entsprechender Probleme verantwortlich sind. Dies trifft noch nicht einmal für die klassische symptomorientierte Medizin zu. Noch komplizierter dürfte dies bei lebensweisebezogenen Risiken sein. Die Komplexität der Einflussgrößen ist so groß, dass mit noch so viel Ursachenforschung die Risiken nicht in den Griff zu bekommen sind. Je mehr man über Risikofaktoren weiß, umso schwieriger wird es, einzelne zu isolieren und zum Ansatzpunkt von Interventionen zu machen. Schon gar nicht steht zu hoffen, dass das ganze Set von Faktoren diagnostisch erfasst, kausalanalytisch geklärt und interventionistisch in den Griff genommen werden kann. Zumal eine solche Hoffnung doch äußerst bedrohlich klänge. Tendenzen in diese Richtung gibt es allerdings.

Zudem dient die Kausalitätsunterstellung dazu, Gefahren in Risiken zu transformieren. Sobald davon ausgegangen wird, dass ein bestimmtes Verhalten negative Folgen nach sich zieht, kann der so Handelnde verantwortlich gemacht werden, weil er es hätte wissen und sein Handeln modifizieren können. Aus der Transformation von Gefahren in Risiken speist sich die Debatte über Eigen- oder Selbstverantwortung in der Sozial- und Gesundheitspolitik (wir greifen dies in Kapitel 12 wieder auf). Insofern individualisiert der Ruf nach Prävention und Früherkennung soziale Probleme – oder trägt zumindest zu dieser Individualisierung bei.

Unter dem Titel „*Public Health*“ wird das Verhältnis von Prävention und Gesundheitsförderung neu bestimmt. Zentral ist hier das an der *Ottawa-Charta* orientierte Lebensweisen-Konzept. Gesundheitsförderung setzt dann bereits bei der gesunden Bevölkerung an und strebt gesundheitsförderliche Lebensweisen an, während Prävention auf die Minderung von Risikofaktoren, auf die Entdeckung von Frühstadien von Erkrankungen und auf rehabilitative Maßnahmen nach einer Erkrankung bezogen ist. Gesundheitsförderung initiiert Maßnahmen, die die Lebensweise der Menschen zu beeinflussen sucht. Prinzipiell bleibt damit nichts dem Zugriff der Gesundheitspädagoginnen entzogen. Das Ziel der Interventionen sind die Einstellungen und Verhaltensweisen der Individuen, die sich möglichst den gesundheitsförderlichen Imperativen zu beugen haben.

Die Risiken und Nebenwirkungen lassen sich am *betrieblichen Gesundheitsmanagement* erläutern. Dass Schichtdienst, körperlich schwere Tätigkeiten und Arbeitsüberlastung ihren Tribut fordern, weiß man schon lange.

Doch erst mit dem Mangel an Pflegekräften wird die Frage verstärkt akut, wie man diese möglichst lange im Beruf halten kann. Eine Maßnahme ist die Gesundheitsförderung. Nun spricht natürlich nichts dagegen, dass Menschen sich fit halten wollen. Ein gewisses Unbehagen entsteht aber, wenn der Eindruck entsteht, dass die so geförderte Fitness mögliche Mängel in den Einrichtungen kompensieren soll. Die Frage nach guten und gesundheitsförderlichen Beschäftigungsbedingungen wird transformiert in die Vorsorge für die individuelle psychische und körperliche Belastungsfähigkeit. Aus einem Angebot droht unter der Hand eine paternalistische Aufforderung zu werden. Was, wenn Pflegekräfte sich diesem „sanften" Druck entziehen wollen? Dreht sich dann auch die Verantwortungszuschreibung um? Sind es dann nicht die Beschäftigungsbedingungen, sondern die fehlende Eigenverantwortung, auf die die Fluktuation in Pflegeberufen zurückgeführt wird?

Ein angemessenes Konzept von Gesundheitsförderung und Prävention sollte unseres Erachtens anders ansetzen. Es kann nicht darum gehen, Individuen in die Richtung einer zuvor von Experten definierten Vorstellung eines gesundheitsförderlichen Lebens zu lenken. Vielmehr sollte es um eine Beratung gehen, die von den Vorstellungen der Personen ausgeht und diese dabei unterstützt, ihre Vorstellungen realisieren zu können. Beratung wäre als Orientierungsprozess zu konzipieren, in dem versucht wird, gemeinsam mit dem Patienten oder der Bewohnerin herauszufinden, wie er oder sie sich selbst und seine bzw. ihre Lage sieht, wie er oder sie selbst meint, hineingeraten zu sein; in dem aber auch angestrebt wird, sich über die eigenen Wünsche, Ressourcen, Kompetenzen und Ziele klar zu werden, und nicht zuletzt die kontextuellen Irritationen, institutionellen Barrieren und personellen Unzulänglichkeiten zu identifizieren, die als unerwünscht und als veränderungsbedürftig erlebt werden. Hierbei könnte sich zeigen, dass die Deutungen und Konsequenzen von betroffenen Personen sich von denen der Experten unterscheiden (wir kommen auf die Thematik in Kapitel 6 wieder zurück).

Ethik der Optimierung

Wenn eine Leichtathletin hart trainiert und einen Wettkampf gewinnt, erwirbt sie Anerkennung und Respekt. Wird jedoch öffentlich, dass sie ihrer

Fitness mit muskelaufbauenden Medikamenten nachgeholfen hat, wird sie moralisch verurteilt. Die Frage ist warum?

In der Gegenwart ist die Tendenz zu beobachten, medizinische Mittel zu nichtmedizinischen Zwecken zu gebrauchen. Öffentlich wirksam geworden ist z. B. die Debatte über Neuro-Enhancement, also die Steigerung psychischer Leistungsfähigkeit etwa durch die Einnahme von Ritalin. Aber es ist nicht einfach zu formulieren, was an der künstlichen Optimierung ethisch verstört. Zumal die Grenzen zwischen Therapie und Optimierung nicht klar zu ziehen sind. Sie wären nur zu ziehen, wenn es ein präzises Normalmaß gäbe, an dem man sich orientieren könnte. Mit der Gabe von Wachstumshormonen werden z. B. Kinder behandelt, die deutlich kleiner sind als in ihrer Alterskohorte üblich. Man könnte auch fragen, ab wann Kleinwüchsigkeit eine behandlungsbedürftige Krankheit ist. Und worin genau besteht der Unterschied zu Eltern, die das Wachstum ihrer nicht kleinwüchsigen Kinder stimulieren wollen, weil sie (aus welchem Grund auch immer) gerne große Kinder haben wollen?

Die Einnahme von Stimulantien und anderer Mittel ist auch in Gesundheitsberufen nicht fremd. Hier werden sie in der Regel jedoch nicht verwendet, um leistungsfähiger zu werden, sondern um in Situationen und Konstellationen „über die Runden zu kommen“. Der Kaffee in der Nachtschicht und der Beta-Blocker vor einer Prüfung haben gemeinsam, dass sie helfen sollen, eine Situation besser durchstehen zu können. Nur warum erscheint vielen das eine normal und das andere zumindest fragwürdig?

Oft werden hier *Fairness*-Argumente genannt. Das mag im Sport oder bei einer Prüfung noch einsichtig sein, damit sich niemand einen Vorteil verschafft. Aber dann könnte man einfach argumentieren, dass entsprechende Mittel erlaubt werden und sich alle ihrer bedienen können. Zumal auch intensives Training und Lernen einen Vorteil verschafft – und doch niemand auf die Idee kommen würde, deshalb die Trainings- und Lernzeiten zu reglementieren. Außerdem haben Fairness-Argumente keine Bedeutung, wenn sich etwa Pflegende mit Psychopharmaka durch die Arbeitsbelastung hindurchretten wollen (sie sind ja nicht in einem Wettbewerb).

Was an der Optimierung stört, ist die dahinterstehende Ideologie. Sie hat mit *Perfektionsidealen* zu tun, die auch in anderen Bereichen eine Rolle spielen, etwa bei Schönheitsidealen oder der möglichst umfassenden Förderung der eigenen Kinder. Denn solche Ideale haben einen Fehler: Man kann sie nicht erreichen. Oder anders: Man kann immer versuchen, noch etwas schneller, schlanker, muskulöser oder belastbarer zu werden. Und die Vermutung liegt nahe, dass dann das Perfektionsstreben umkippen kann und zu selbstschädigenden Folgen führt. Meist sind diese Perfektionsideale mit Machbarkeitsvorstellungen verknüpft. Mit der Vorstellung also, dass bei Kenntnis der Wirkungsmechanismen Mittel zielgerichtet so eingesetzt werden können, dass der erwünschte Erfolg mit einiger Sicherheit eintritt. Es ist die Vorstellung, alles in den Griff bekommen zu können. Wer von dieser Vorstellung ausgeht, wird den Personen, die das nicht schaffen, ihren Misserfolg eher selbst zurechnen. Ebenso besteht ein ambivalentes Verhältnis zur Wissenschaft und zu Expertinnen. Auf der einen Seite vertraut man den wissenschaftlichen Erkenntnissen und lässt sich von ihnen leiten (ein Hinweis darauf ist die Flut der pseudowissenschaftlichen Beratungsliteratur für alle Wechselfälle des Lebens), auf der anderen Seite kippt – insbesondere bei Misserfolgen – dieses Vertrauen in Misstrauen und Skepsis gegenüber Wissenschaft und Expertentum um (und mündet dann oft in die Suche nach „alternativen" Formen des Umgangs mit Problemen). Wobei nicht die Skepsis das Problem ist, für sie gibt es eine Reihe guter Gründe. Seltsam ist nur, dass sich die Hoffnungen, die sich z. B. auf alternative Behandlungsmethoden richten, nicht selten auf die gleichen Machbarkeitsvorstellungen stützen. Ob Homöo- oder Allopathie, in beiden Fällen werden Mittel gezielt eingesetzt, um ein gegebenes Ziel zu erreichen; die Mittel sind unterschiedlich, nicht aber die zugrunde liegende Zweckrationalität.

Gesundheit als ein Gut

Gesundheit hat in unserer Gesellschaft zweifellos einen hohen Stellenwert. Umgangssprachlich bezeichnet man Gesundheit als das höchste Gut. Güter sind etwas, das um ihrer selbst willen angestrebt wird. Ein höchstes Gut wiederum ist etwas, auf das alle anderen Güter ausgerichtet sind. (Nebenbei bemerkt: In der mittelalterlichen Theologie war das *summum bonum,* also das höchste Gut, Gott.)

So wichtig Gesundheit für die Einzelnen und vielleicht auch für die Gesellschaft ist, die Bezeichnung der Gesundheit als ein Gut hat höchst problematische Konnotationen. Zunächst: Ist Gesundheit ein Gut, dann ist die Sorge für die Gesundheit eine moralische Pflicht. Das wiederum würde zu einer höchst fragwürdigen moralischen Aufladung aller Elemente der Lebensführung führen, denn alles menschliche Verhalten und Handeln hat einen mehr oder minder großen Einfluss auf die Erhaltung und Förderung der Gesundheit. Jedes Glas Wein, jedes Stück Torte zu viel, die Bratwurst beim Straßenfest, die durchfeierte Nacht oder der Fernsehabend mit Kartoffelchips und Flaschenbier wären dann Anschläge auf die moralische Integrität. Unklar ist darüber hinaus, wie Praktiken einzustufen sind, deren gesundheitsförderliche Wirkung zumindest zweifelhaft ist (der 45-jährige Manager, der plötzlich Triathlon betreibt).

Des Weiteren: Wenn Gesundheit als Gut verstanden wird, folgt daraus zwingend, dass das Gegenteil, also Krankheit, als *Übel* gekennzeichnet werden muss, das auf alle Fälle zu meiden ist. Aus Theologie und Philosophie stammt die Unterscheidung zwischen metaphysischem und moralischem Übel. Metaphysische Übel liegen an der Verfassung der Welt: Menschen sind sterblich, die Natur ist unter Umständen gefährlich. Metaphysische Übel haben Ähnlichkeiten mit den eingangs genannten Gefahren, sie gehen nicht auf uns selbst zurück. Moralische Übel gehen hingegen auf uns selbst zurück; insofern gleichen sie den Risiken. Zumindest besteht gegenwärtig eine Tendenz, Krankheit weniger als metaphysisches, denn als moralisches Übel zu verstehen, das durch die Lebensführung selbst verursacht wird. Mit dieser Tendenz lässt sich dann sehr gut die Betonung der Eigenverantwortung gegenüber der solidarischen Finanzierung gesundheitsbezogener Leistungen verbinden (wir werden diesen Gedanken in Kapitel 12 erneut aufnehmen). Diese Individualisierung von Verantwortung für die Gesundheit führt zu der oben beschriebenen moralischen Aufladung der Lebensführung. Auch hier könnte eine wichtige Aufgabe der Ethik darin liegen, vor zu viel Moral zu warnen.

Literatur

Antonovsky, Aaron (1997): Salutogenese. Zur Entmystifizierung der Gesundheit, Tübingen (Deutsche Gesellschaft für Verhaltenstherapie).

Dallmann, Hans-Ulrich (2005): Das Recht auf Krankheit. Ein Beitrag zur Kritik der präventiven Vernunft, in: Ilona Nord, Fritz Rüdiger Volz (Hrsg.): An den Rändern.

Theologische Lernprozesse mit Yorick Spiegel, Festschrift zum 70. Geburtstag, Münster (Lit), S. 231–256.

Fuchs, Peter (2008): Prävention - Zur Mythologie und Realität einer paradoxen Zuvorkommenheit, in: Irmhild Saake, Werner Vogd (Hrsg.): Moderne Mythen der Medizin. Studien zur organisierten Krankenbehandlung. Wiesbaden (VS), S. 363–378.

Gadamer, Hans-Georg (1993): Über die Verborgenheit der Gesundheit. Aufsätze und Vorträge, Frankfurt (Suhrkamp).

Hafen, Martin (2007): Grundlagen der systemischen Prävention. Ein Theoriebuch für Lehre und Praxis, Heidelberg (Carl Auer).

Kiesel, Johannes (2012): Was ist krank? Was ist gesund? Zum Diskurs über Prävention und Gesundheitsförderung, Frankfurt/New York (Campus).

Sandel, Michael J. (2008): Plädoyer gegen die Perfektion. Ethik im Zeitalter der genetischen Technik, Berlin (Berlin University Press).

Schöne-Seifert, Bettina; Talbot, Davinia; Opolka, Uwe; Ach, Johannes S. (Hrsg.) (2009): Neuro-Enhancement. Ethik vor neuen Herausforderungen, Paderborn (Mentis).

Kapitel 4. Das gute Leben und Sterben

Wie alle Lebewesen sterben auch Menschen. Zu ihrer Sterblichkeit verhalten sie sich in vielfältiger Weise. Schon aus prähistorischer Zeit gibt es Hinweise auf Grabpflege und Totenkult. Nicht nur das Leben und die Lebensführung, sondern auch der Tod und der Umgang mit den Toten ist Gegenstand menschlicher Sorge. Dieses Sorgen hat eine doppelte Dimension: Zum einen geht es um ein „Sorgen für" (die Verstorbenen, die eigene Seele, das eigene und fremde Sterben), zum anderen geht es um ein „Sorgen um" (das eigene Leben, das Schicksal nach dem Tod, das Ende des Lebens). Die eine Dimension zielt auf die Bearbeitung der Angelegenheiten, die aus der Sterblichkeit von Menschen erwachsen, die andere Dimension auf die Haltung gegenüber dem eigenen (oder fremden) Tod zwischen Furcht, Gleichmut und Hoffnung.

Die Einstellungen und Haltungen gegenüber Sterben und Tod sind zwar kulturell vermittelt, trotzdem werden sie individuell angeeignet. Für die Gegenwart ist bezeichnend, dass – anders als zu früheren Zeiten – der Tod weniger als Zustand, sondern eher als Ereignis verstanden wird, das das Leben beendet. Anders gesagt: Früher waren Leben und Tod aufeinander bezogen, es lag entweder das eine vor oder das andere. Diese „Zuständlichkeit" des Todes lässt sich auch daran festmachen, dass vielfach ein Ort angegeben wurde, an dem sich die Verstorbenen befinden (Duat und Earu, Hades, Scheol, Hel und Ähnliches). Vielfach war damit die Vorstellung verbunden, dass die Verstorbenen (oder ihre Seelen) einen Weg zu diesem Ort zurücklegen müssen und währenddessen diverse Prüfungen zu bestehen haben. Für die Überlebenden ist diese Ortszuweisung sehr wichtig, weil sonst die Gefahr besteht, dass Tote als Wiedergänger zurückkehren, wenn der Orts- und Statuswechsel nicht vollzogen werden konnte. Die verschiedenen Bestattungsrituale dienen dieser Funktion.

Wann ist der Mensch tot?

Diese Vorstellungen sind in der Gegenwart verblasst, auch wenn es Reminiszenzen gibt, von denen Pflegende immer wieder berichten, wie etwa das Öffnen eines Fensters nach dem Versterben, um der Seele keine Beschränkungen in den Weg zu legen. Als Ende des Lebens ist der Tod kein Zustand mehr. Er gehört auch nicht zum Leben dazu: „Der Tod ist kein Ereignis des Lebens. Den Tod erlebt man nicht." (Ludwig Wittgenstein) Anders aber das Sterben. So ist auch nicht verwunderlich, dass neuzeitlich das Sterben eher thematisiert wird als der Tod. Allerdings – so muss das Wittgenstein-Zitat korrigiert werden – sind weder Tod noch Sterben Ereignisse. Vom Sterben lässt sich jedenfalls sagen, dass es ein Prozess ist. Es ist physiologisch betrachtet ein schrittweiser Ausfall von Organen und später Gewebe und Zellen, der klassisch in den drei Stufen Herz-Kreislauf-Stillstand, Totenstarre und -flecke und Fäulnis oder Verwesung beschrieben wurde. Da ein sicheres Todeskriterium nicht vorlag, wurde bis ins 18. Jahrhundert hinein empfohlen, Leichen so lange aufzubahren, bis der Beginn der Verwesung sicher festgestellt werden konnte. Mit dem Siegeszug der modernen naturwissenschaftlich orientierten Medizin hat sich das sowohl geändert als auch als Problem verschärft.

Lange Zeit galt der Herz-Kreislauf- in Verbindung mit dem Atemstillstand als sicheres Todeszeichen. Seit dem Jahr 1959, in dem die französischen Ärzte Pierre Mollaret und Maurice Goulon das *coma dépassé* beschrieben, beginnt sich der *Hirntod* als sicheres Zeichen durchzusetzen. Ausgangspunkt ist die Feststellung, dass das Gehirn als Organ die funktionelle Ganzheit des Organismus steuert. Mit dessen irreversiblem Ausfall ist die funktionale Einheit zerstört, der Organtod und die weiteren Phasen des Absterbens des Körpers folgen mit Notwendigkeit, wenn nicht mit intensivmedizinischen Maßnahmen die auszufallen drohenden Funktionen substituiert werden.

Das Hirntodkonzept ist, auch wenn es sich in der Medizin weitestgehend durchgesetzt hat, in der Öffentlichkeit und in der bioethischen Debatte bis heute umstritten. Ein – wenn nicht der zentrale – Punkt dabei ist die Verknüpfung des Hirntodkriteriums mit der Transplantationsmedizin. Dieses Kriterium ermöglicht, die Zahl verfügbarer Spenderorgane zu erhöhen und diese relativ lange funktionsfähig zu halten und damit die Erfolgswahrscheinlichkeit von Transplantationen deutlich zu erhöhen. Für die Pflegeethik ist weniger die bioethische Frage nach der Legitimität dieses Kriteriums relevant, als die Folgen für die Pflegepraxis. Diese bestehen insbesondere in den Problemen bei der Pflege hirntoter Patienten und der Kommunikation mit ihren Angehörigen.

Pflegende berichten in dieser Situation von einer typischen Diskrepanz: Der hirntote Leichnam (wir nehmen an dieser Stelle das Hirntodkonzept der Einfachheit halber als gültig an, auch um zu zeigen, zu welch widersinnigen Folgen es im Konkreten führt) wird aufwendig medizinisch und pflegerisch versorgt, er wird oftmals angesprochen und behandelt wie eine Person, gleichwohl gilt er als tot und wird doch in der Wahrnehmung nicht als tot erlebt. Die pflegerische Sicht sieht dann z. B. den Menschen aus medizinisch-technischer Perspektive auf das Funktionieren von Organen reduziert, während sie eigentlich den Menschen als leibseelische Einheit versteht. Es besteht eine Dissonanz zwischen Wahrnehmung und eigenem Handeln auf der einen und der kognitiven Einschätzung auf der anderen Seite. Hinzu kommt der abrupte Wechsel zwischen der Versorgung des Menschen und der dann oft schnell durchzuführenden Explantation, der emotional manchmal schwer zu bewältigen ist.

Eine Bemerkung soll noch kurz eingeflochten werden, die ein Thema betrifft, das immer wieder auftauchen wird, aber hier besondere Brisanz hat: der Umgang mit den Angehörigen. Pflegende sind die Personen, die mit den hirntoten Patientinnen den intensivsten Umgang haben; deswegen werden sie von Angehörigen gefragt, für die eine solche Situation in der Regel noch verstörender wirkt als für die zumindest professionell häufiger damit konfrontierten Pflegenden. Allerdings dürfen Pflegende nur sehr eingeschränkt Auskunft geben, die Aufklärung über den Zustand der Patienten ist Privileg der Ärzteschaft. Eine solche Konstellation erschwert das, was für die Angehörigen von zentraler Bedeutung ist, ein offenes und zugewandtes Gespräch, um überhaupt die Situation einschätzen – und dann eine allen Betroffenen angemessene Entscheidung treffen zu können.

Umgang mit dem menschlichen Leichnam

Es mag – vielleicht auch nur auf den ersten Blick – überraschend sein, dass im deutschen Recht unklar ist, welchen Status ein menschlicher Leichnam und auf welchen Schutz er Anspruch hat. Die Frage nach dem Status rührt an zentrale anthropologische Fragestellungen. Der Status einer Person im rechtlichen wie im moralischen Sinn ist mit ihrer Existenz verknüpft, sodass mit dem Tod dieser Status erlischt. Ähnliches gilt hinsichtlich der fortdauernden

Identität als Mensch. Es ist zwar offensichtlich, dass der Leichnam ein menschlicher Leichnam ist, daraus folgt aber nicht, dass ihm die Würde als Mensch (Art. 3 Grundgesetz) ohne Weiteres zukommt. Dies geht aus dem Sachverhalt hervor, dass Menschsein in diesem emphatischen Sinn nicht einfach eine Spezieszugehörigkeit meint. Vielmehr geht es um die Verbindung von Körper bzw. Leib und Person. Diese bilden eine Einheit, die mit dem Tod zerfällt. Deswegen verweist der tote Körper auf diese Einheit, die er nicht mehr ist.

Nun ist der lebende Körper unter den Würdebegriff gefasst, entsprechend formuliert das Grundgesetz das „Recht auf körperliche Unversehrtheit", woraus sich wiederum das Selbstbestimmungsrecht ableitet, auf dem nicht zuletzt auch die Patientenautonomie beruht (dazu mehr im nächsten Kapitel). Insofern kann der lebende Mensch darüber verfügen, was mit seinem Körper nach dem Sterben passiert (für medizinische Zwecke zur Verfügung stellen, Organspende, Regelung der Bestattungsform). Dass dem Leichnam aber an sich ein würdevoller Umgang gebührt, kann nur aus der Übereinkunft – und gegebenenfalls deren rechtlicher Kodifizierung – der Lebenden begründet werden. Sie fordern wechselseitig Respekt gegenüber dem toten menschlichen Körper, der sie auch irgendwann selbst sein werden, weil dieser auf die Person verweist, die Trägerin der Würde war.

Ob dieser Respekt dem Leichnam z. B. bei einer Organexplantation erwiesen wird, muss von Fall zu Fall beurteilt werden; Erfahrungsberichte lassen vermuten, dass das oft nicht geschieht. Insofern ist es notwendig, in Einrichtungen, in denen häufig hirntoten Patientinnen Organe entnommen werden, über Verhaltenskodizes zu diskutieren, die die Standards eines respektvollen und achtsamen Umgangs mit dem menschlichen Leichnam formulieren. Wünschenswert wäre dies nicht nur für diesen speziellen Fall. Dass insbesondere Angehörigen ein angemessener Abschied von Verstorbenen ermöglicht werden soll, hat sich in vielen Einrichtungen etabliert. Wie aber darüber hinaus mit den Leichnamen umgegangen wird, hängt von der jeweiligen Organisationskultur der Einrichtungen ab. Auch hier ist die Diskussion über interne Leitlinien und Standards durchaus erstrebenswert. Eine besondere Situation besteht bei der Verabschiedung von Menschen, die zur Organentnahme vorgesehen sind. Vor der Explantation wirken die betroffenen Menschen nicht wie Verstorbene, was den Angehörigen eine Verabschiedung erschwert. Deshalb sollte eine Verabschiedung nach der Operation ermöglicht werden.

Auch Pflegende haben das Bedürfnis, sich von Verstorbenen zu verabschieden, vor allem dann, wenn eine längere und intensive Pflegebeziehung bestand. Dafür besteht in der Akutpflege selten eine Möglichkeit. Aus Palliativ- und Altenpflege sind hier Formen bekannt (z. B. das Anzünden einer Kerze im Eingangsbereich); es wäre zu überlegen, welche Formen sich auch für den Akutbereich eignen könnten (z. B. ein gemeinsamer Rückblick).

Pflege am Lebensende

In Deutschland sterben Menschen zum größten Teil in Einrichtungen des Gesundheitswesens. Genaue Zahlen für Deutschland liegen nicht vor, eine Untersuchung in Nordrhein-Westfalen kommt zu dem Ergebnis, dass über 80 Prozent der Menschen in Einrichtungen versterben, hauptsächlich (etwa die Hälfte) in Krankenhäusern, etwa ein Fünftel in Pflegeeinrichtungen und gut 5 Prozent in Hospizen und Palliativstationen, hier allerdings mit stark steigender Tendenz (Dasch et al. 2015). Wenn man weiter davon ausgeht, dass ein großer Teil von Pflegebedürftigen von ambulanten Pflegediensten versorgt wird, wird deutlich, dass die professionelle Pflege sterbender Menschen in Deutschland die Regel ist.

Die Arbeitsfelder, in denen Menschen an ihrem Lebensende gepflegt werden, reichen von Intensivstationen bis zu Hospizen. Sie bilden gewissermaßen die Extreme eines Kontinuums zwischen medizinisch-technisch orientierter Versorgung und palliativer Betreuung. Diese beiden Felder sollen näher betrachtet werden.

Hospize und Palliativstationen

Kennzeichnend für die Pflege am Lebensende ist in Palliativstationen und Hospizen die Umstellung der Therapie von Ursachenbekämpfung auf Symptomkontrolle, die pflegerisch begleitet – und so erst ermöglicht wird. Die palliative Versorgung unterscheidet sich von der kurativen durch eine konsequente Orientierung an der Lebensqualität. Lebensqualität ist vor allem subjektiv zu bestimmen, also aus der Perspektive der Betroffenen. Allerdings hat die subjektive Bestimmung der Lebensqualität darin eine Grenze, dass die Einschätzung stark von kulturellen und sozioökonomischen Faktoren abhängt. Aus der Wohlfahrtsökonomie und aus Arbeiten des Ökonomen Amartya Sen ist bekannt, dass die Selbsteinschätzung des Gesundheitszustands oft nicht „objektiv" ist. Er schildert das am Beispiel der Regionen Kerala und Uttar Pradesh in Indien. In Kerala liegt z. B. die Lebenserwartung recht hoch, bei einer ebenfalls hohen selbst wahrgenommenen Morbidität, in Uttar Pradesh sind beide recht niedrig. Die Pointe ist, dass gerade weil in Kerala viele Maßnahmen unternommen wurden und weil der Bildungsstatus dort höher ist, die Menschen kritischer in der Selbsteinschätzung sind. Einfach ausgedrückt: Die Einschätzung der Lebensqualität wird an die Situation angepasst, sie ist stark vom Anspruchsniveau abhängig.

Im Zentrum der Tätigkeiten im Hospiz steht ein möglichst geeignetes *Schmerzmanagement,* das zwischen effektiver Schmerzbekämpfung und dem Wunsch nach bewusster Wahrnehmung abwägt. Dies allerdings kann in Konflikt geraten mit den anderen, insbesondere pflegerischen Tätigkeiten, die sich am Wohlbefinden der Betroffenen orientieren. Zugespitzt begegnet einem das Problem bei der sogenannten „terminalen Sedierung", also bei einer Schmerztherapie in der terminalen Phase, die gleichzeitig das Bewusstsein bis zur möglichen Bewusstlosigkeit reguliert. Pflegekräfte sind in diesem Fall ständig mit Aushandlungs- und Abwägungsprozessen beschäftigt, da die Situation sich stetig verändert und auch vom wechselnden täglichen Befinden der Gäste abhängig ist. Diese Prozesse beziehen die Angehörigen ein, die wieder eigene – unter Umständen abweichende – Vorstellungen davon haben, was für alle Beteiligten gut und an der Zeit ist.

Am Lebensende wird besonders deutlich, dass die Pflege nicht mit Menschen zu tun hat, die lediglich passive Empfänger pflegerischer Leistungen sind. Sie bezieht sich vielmehr auf Zusammenhänge, die bei den zu Pflegenden in einen Sinnhorizont eingebettet sind. Da Menschen ihr Leben deutend führen, geht es bei der Unterstützung in Krisensituationen immer auch um die Deutungen, mit denen Menschen ihrem aktuellen Erleben und Handeln Sinn zuschreiben oder diesen nicht erkennen können. Diese *Sinndimension* kann bei ganz alltäglichen Dingen Bedeutung gewinnen. Dies lässt sich am Beispiel der Nahrungsaufnahme veranschaulichen. Mit Essen verbinden Menschen nicht nur die Zufuhr von Nährstoffen, vielmehr ist es in einen sozialen und kommunikativen Zusammenhang eingebettet. So spielt für manche das gemeinsame Essen eine große Rolle, für andere hat die sorgfältige Zubereitung eine wichtige Bedeutung, hinzu kommen die individuellen Vorlieben und Gewohnheiten (das Glas Wein zum Essen oder die fettarme Zubereitung) sowie kulturelle Besonderheiten, denen Bedeutung beigemessen wird. Die ethische Herausforderung besteht hier darin, trotz struktureller und krankheitsbedingter Einschränkungen die Sinndimensionen, die die Patientinnen oder Bewohner mit bestimmten Lebensaktivitäten verbinden, angemessen zu berücksichtigen bzw. sie gemeinsam mit ihnen freizulegen.

Intensivstationen

Besondere Brisanz gewinnt die Frage nach einem angemessenen Umgang mit Sterbenden auf Intensivstationen. Auf diesen Stationen kann man stärker noch als auf anderen von einer Notstandskultur sprechen, die die Handlungsabläufe prägt. Auf Unvorhergesehenes muss sofort reagiert und die notwendigen Tätigkeiten müssen durchgeführt werden. Verbunden mit der – insbesondere von den Ärzten vertretenen – kurativen Orientierung führt dies zu einem instrumentellen Aktivismus, der besondere auf den Intensiveinheiten vorzufinden ist. Bei sterbenden Menschen entsteht die fatale Alternative zwischen einer Lebensverlängerung um jeden Preis und der Ermöglichung des Sterbens durch den Verzicht auf weitere lebenserhaltende Maßnahmen. In diesem Dilemma verfügen Pflegende über eine andere Orientierung als Ärzte. Pflegende sind eher als Ärzte dazu bereit, aktive Maßnahmen aufzugeben; Ursula Streckeisen spricht hier von einer „Strategie des Verzichts". Die jeweils zu klärende Frage ist an dieser Stelle, wann um der Würde des Menschen willen auf weitere – invasive – Maßnahmen verzichten werden soll, wann die Folgen der Eingriffe für die betroffene Person nicht mehr in einem vernünftigen Verhältnis zur zu erwartenden Lebensqualität stehen.

Diese inkongruenten Vorstellungen der beteiligten Akteurinnen, zu denen noch die Perspektiven der Angehörigen kommen, haben dazu geführt, dass an manchen Krankenhäusern das Instrument der ethischen Fallbesprechung eingeführt wurde; in besonderen Fällen werden auch Klinische Ethikkomitees (Kapitel 13) mit der Beratung bei diesen Entscheidungen befasst.

Falls die Entscheidung für einen Abbruch der lebenserhaltenden Maßnahmen getroffen wird, stellt sich die anschließende Frage, wie dies menschenwürdig gestaltet und begleitet werden kann. Die Handlungslogik von Intensivstationen widerspricht allerdings den Notwendigkeiten einer palliativen Begleitung. Hinzu kommt, dass der bestehende ökonomische Druck, die teuren Intensivplätze neu zu belegen, eine angemessene Begleitung und Verabschiedung natürlich erschwert.

Patientenverfügung

Ein in den letzten Jahren implementiertes Instrument zur Klärung der Fragen, was in welchem Falle getan und was unterlassen werden und wer als Betreuerin oder Betreuer Entscheidungsbefugnis haben soll, ist die Patientenverfügung. Aber es ist keine einfache Sache, vorab zu bestimmen, was man in welcher Situation wahrscheinlich wollen würde, einer Situation, die man zum jetzigen Zeitpunkt bestenfalls in groben Zügen antizipieren kann. Deshalb ist bei der Abfassung einer Verfügung wichtig, sich darüber Rechenschaft abzulegen, was persönlich von besonderer Bedeutung und in welche Sinnhorizonte dies eingebettet ist. Es geht vor allem um diejenigen Werte, Ziele und Wünsche, die in engem Zusammenhang mit Gesundheitsrisiken, Lebensstil, Lebenserwartung, dem individuellen Konzept von Lebensqualität stehen und mit den Einstellungen zu Krankheit, Schmerz, Leiden und Tod zu tun haben. Es geht um konkrete Verfügungen und nicht um Generalklauseln. Das setzt die Bereitschaft voraus, sich mit dem auseinanderzusetzen, was im Leben wichtig ist – und was nicht.

Allerdings sind auch solche Patientenverfügungen kein Allheilmittel gegen dilemmatische Entscheidungssituationen, weil die Realität komplexer ist, als in solchen Verfügungen abgebildet werden kann. Patientenverfügungen sind jedoch ein wichtiges Hilfsmittel für die Pflege am Lebensende, weil sie helfen können, sich in ohnehin schwierigen Kontexten gemeinsam mit Betroffenen, Angehörigen und Professionellen zu orientieren.

Literatur

Dasch, Burkhard; Blum, Klaus; Gude, Philipp; Bausewein, Claudia (2015): Sterbeorte: Veränderung im Verlauf eines Jahrzehnts. Eine populationsbasierte Studie anhand von Totenscheinen der Jahre 2001 und 2011, in: Deutsches Ärzteblatt 112/2015 (29--30), S. 496-504.

Dreßke, Stefan (2007): Interaktionen zum Tode. Wie Sterben im Hospiz orchestriert wird, in: Gehring/Rölli/Saborowski, S. 77-101.

Esser, Andrea (2008): Respekt vor dem toten Körper, in: Deutsche Zeitschrift für Philosophie 56/2008, S. 119-134.

Gehring, Petra; Rölli, Marc; Saborowski, Maxine (Hrsg.) (2007): Ambivalenzen des Todes. Wirklichkeit des Sterbens und Todestheorien heute, Darmstadt (Wissenschaftliche Buchgesellschaft).

Gehring, Petra (2010): Theorien des Todes zur Einführung, Hamburg (Junius).

Huber, Wolfgang (1994): Grenzen des medizinischen Fortschritts aus ethischer Sicht, in Zeitschrift für evangelische Ethik 38/1994, S. 41-53.

Schiff, Andrea (Hrsg.) (2014): Familien in kritischen Situationen der klinischen Pflege. Forschungsergebnisse und innovative Konzepte für die Pflegepraxis, Opladen (Barbara Budrich).

Schnell, Martin W. (2007): Das Lebensende im Zeichen der Patientenverfügung. Anmerkungen aus Sicht der Pflegewissenschaft, in: Gehring/Rölli/Saborowski, S. 63-76.

Sen, Amartya (2010): Die Idee der Gerechtigkeit, München (Beck).

Streckeisen, Ursula (2008): Legitime und illegitime Schmerzen. Ärztliche und pflegerische Strategien im Umgang mit invasiven Maßnahmen bei Sterbenden, in: Irmhild Saake, Werner Vogd (Hrsg.): Moderne Mythen der Medizin. Studien zur organisierten Krankenbehandlung. Wiesbaden (VS), S. 191-213.

Wißmann, Hans; Welten, Peter; Brocke, Michael; Merkel, Friedemann (1980): Art. Bestattung, in Theologische Realenzyklopädie Band V, Berlin, New York (de Gruyter), S. 734-757.

Wittwer, Héctor; Schäfer, Daniel; Frewer, Andreas (Hrsg.) (2010): Sterben und Tod. Geschichte - Theorie - Ethik, Ein interdisziplinäres Handbuch, Stuttgart (Metzler).

Kapitel 5. Die guten Pflegenden

Menschen führen ihr Leben meist nicht „irgendwie". Ihre Lebensführung ist geprägt von Absichten, von Motiven und Einstellungen. Diese Einstellungen, Motive und Absichten haben sie nicht selbst „erfunden", sie haben sie sich im Laufe ihrer Sozialisation und Lebensgeschichte zu eigen gemacht. Menschen sind geprägt durch Entscheidungen, die sie getroffen haben, Geschehnisse, die ihnen widerfahren sind, von Erfolgen und Niederlagen, von Alltäglichkeiten und von herausgehobenen Erlebnissen und Erfahrungen und natürlich von ihrer gesellschaftlichen und privaten Umwelt. Mit anderen Worten: Menschen sind geworden, was sie sind. Es ist ein Charakteristikum der menschlichen Freiheit, sich dazu verhalten zu können, wie man geworden ist. Vergangenes prägt uns in erheblicher Weise, trotzdem legt es uns nicht fest. Manches von dem, was uns wichtig ist, haben wir gewählt, bei vielem können wir wahrscheinlich gar nicht so genau sagen, warum es uns so viel bedeutet. Vieles, was wir schätzen, worum wir uns sorgen oder was wir lieben, haben wir uns nicht einfach ausgesucht; überspitzt könnte man manchmal formulieren: Es (oder er oder sie) hat sich uns ausgesucht.

Das trifft meist auch auf die Wahl des Berufes zu. Außer in Notsituationen, in denen gar nichts anderes übrig bleibt, als den Job zu übernehmen, den man gerade bekommen kann, wird man sich für einen Beruf entscheiden, der in irgendeiner Weise zu einem passt. Im Normalfall – also, wenn man nicht von den Umständen oder etwa von ehrgeizigen Eltern gezwungen wird – wird es etwas sein, von dem man glaubt, dass man es gut kann, dass es zu einem passt und das einem zumindest ansatzweise sinnvoll erscheint. Selbstverständlich spielen auch andere Motive eine Rolle, wie Karrierewünsche, Gehaltsvorstellungen, familiäre Traditionen oder auch vorhandene bzw. nicht vorhandene formale Qualifikationen. Aber ohne eine gewisse Identifikation mit dem, was man unter Umständen die meisten seiner Lebensjahre macht, wird die Berufstätigkeit zu einer wenig angenehmen Perspektive.

Das bedeutet nicht, dass man nicht zu einem späteren Zeitpunkt seine Berufswahl bereuen kann. Was im Moment sinnvoll erscheint, kann in einigen Jahren unverständlich werden. Wir können uns selbst verändert, andere

Vorstellungen von unserem Leben oder einer sinnvollen Tätigkeit entwickelt haben; es können auch die Umstände und Rahmenbedingungen gewechselt haben, die Arbeitsbelastung kann zu- und die Anerkennung abgenommen haben. Manchmal haben wir uns auch einfach getäuscht, hatten unrealistische Vorstellungen, haben entweder uns oder den Beruf falsch eingeschätzt.

Natürlich hat jeder und jede seine eigenen Vorstellungen, Wünsche und Motive für die Berufswahl. Trotzdem gibt es einige Motivbündel, die eng mit der Entwicklung und Professionalisierung der Pflege verbunden sind. Zwei davon sollen im Folgenden kurz skizziert werden, das traditionelle Motiv der Nächstenliebe sowie das Care-Konzept.

Motive und Motivationen – Weiblichkeitsideal und Nächstenliebe

Zumindest in unserem Kulturkreis hat die Krankenpflege ihre Wurzeln in der christlichen Kranken- und Armenfürsorge. Dies gilt auch für die Entstehung der modernen beruflichen Krankenpflege im 19. Jahrhundert. Leitmodell war die Etablierung des Diakonissenamtes, wie es beispielhaft in Kaiserswerth von Theodor und Friederike Fliedner und dann von seiner zweiten Ehefrau Caroline verwirklicht wurde. Mit der Einrichtung des Diakonissenamtes waren zwei Entwicklungen verbunden, die für die frühe Krankenpflege prägend waren: die Verbindung von Krankenpflege und bürgerlichem Weiblichkeitsideal und die Verbindung mit einem christlichen Nächstenliebeideal.

Ab Mitte des 19. Jahrhunderts werden zunehmend bürgerliche Frauen für die Krankenpflege gewonnen. Immer häufiger wird nun betont, dass Frauen wegen ihrer Natur, auch in körperlicher Hinsicht, für die Krankenpflege besonders geeignet seien. So schreibt ein Mediziner noch 1902:

> *„In der Zähigkeit des Körpers Anstrengungen zu ertragen, ist die Frau dem Mann weitaus überlegen; ich kenne Frauen, die wochenlang Nacht für Nacht an dem Bette ihres schwerkranken Mannes gewacht, wochenlang die Kleider nicht abgelegt, sich mit einer flüchtigen Ruhestunde zwischen der gewohnten Tagesarbeit begnügt haben, ohne zu erliegen. Das vermag nur der zarte, aber unendlich elastische und zähe weibliche Körper zu leisten;*

kein Mann kann es an diesem Punkt mit der Frau aufnehmen." (Schneider, zitiert nach Bischoff 1997, S. 85)

Nicht nur von ihrer moralischen Natur, sondern auch von ihrer körperlichen Konstitution ist die Frau zur Pflege „wie geschaffen". Dass diese Position keine Außenseitermeinung war, sondern den Mainstream der damaligen Diskussion repräsentierte, belegt Claudia Bischoff in ihrer Studie an zahllosen Beispielen. Auch die bürgerliche Frauenbewegung zielte auf eine „Vergesellschaftung der Weiblichkeit" mit der Fixierung der weiblichen Natur auf Eigenschaften wie Mütterlichkeit, Fürsorglichkeit und Empathie.

Die Gestaltung der kirchlichen Diakonie, und damit auch die christlich motivierte Krankenpflege, hat eine ihrer stärksten Wurzeln in der Erweckungsbewegung. In pietistischer Tradition sind zwei Motive zentral: der Ruf zum persönlichen Glauben und die praktizierte Nächstenliebe als Vehikel zur Mission. Der Dienst am Kranken ist ein Dienst an Jesus Christus in doppelter Weise: Zum einen vertritt der Kranke Jesus Christus, dem durch die Pflege gedient wird, zum anderen dient ihm die Diakonisse in der Pflege durch die tätige Verkündigung seines Evangeliums. Selbstlosigkeit bis zur Aufopferung, Gehorsam bis zur Unterwerfung waren die Tugenden, die mit der Nächstenliebe verknüpft wurden. Dies hatte erhebliche Auswirkungen auf die Pflege. Zum einen beinhaltete dies die absolute Unterordnung unter die ärztliche Autorität sowie die Autorität des Mutterhauses, zum anderen wurden gegenläufige Forderungen, vor allem vonseiten der nichtkirchlichen bürgerlichen Pflege, als Angriff auf die freie Liebestätigkeit verstanden.

Stellt man diese Geschichte in Rechnung, ist es verständlich, wenn zwei Motive in der pflegewissenschaftlichen Diskussion sehr kritisch bewertet werden: die aus der christlichen Tradition stammende Nächstenliebe- und die aus der feministischen Tradition stammende Care-Orientierung.

Nächstenliebe

Das Verständnis der Nächstenliebe als Dienst am Nächsten, der Unterordnung und Selbstaufgabe verlangt, wurde damit begründet, dass ein grundlegender Unterschied zwischen Nächsten- und Selbstliebe besteht – in anderen Worten: zwischen der Sorge für den Nächsten und der Selbstsorge. Meist wurde die Selbstliebe als Ausdruck der Sünde, ja als zentrale Gestalt der Sünde überhaupt interpretiert, der die Selbstlosigkeit als christliches Ideal gegenübergestellt wurde. Dies allerdings ist eine Interpretation, die der bürgerlichen Ideologie des 19. Jahrhunderts verhaftet ist und die einschlägigen Texte der Bibel vor diesem Hintergrund liest. Die patriarchale Struktur der bürgerlichen Kleinfamilie mit ihren Rollenzuweisungen an den Hausherrn, die Ehefrau, die Kinder und die Bediensteten werden gewissermaßen in die Texte hineingetragen. Dass Nächstenliebe im ursprünglichen Sinn nicht auf einer Gegenüberstellung von Nächstenliebe und Selbstsorge beruht und dass sie weniger eine Angelegenheit des Gefühls, sondern des Handelns ist, zeigt der klassische Text, auf den immer wieder Bezug genommen wurde und wird, die Beispielerzählung vom „Barmherzigen Samariter“ im Neuen Testament (Lukas 10, 25–37).

Die Geschichte wird erzählt als Antwort auf die Frage: „Wer ist denn mein Nächster?“ Sie schildert, wie ein Reisender von Räubern überfallen, ausgeraubt und geschlagen am Wegrand liegen bleibt. Zunächst eilen zwei religiöse Funktionäre vorbei und lassen ihn liegen. Schließlich kommt ein Samariter, ein Angehöriger einer diskriminierten Bevölkerungsgruppe, vorbei. Er hat Mitleid, versorgt den Verletzten als Ersthelfer und bringt ihn in eine Herberge. Dort bezahlt er den Wirt für dessen Pflege. Die Pointe der Geschichte ist, dass der Nächste, dem die Nächstenliebe gilt, die Person ist, die aktuell helfende Zuwendung benötigt. Darüber hinaus zeigt die Geschichte, dass es nicht in erster Linie um ein bestimmtes Gefühl geht, auch wenn der Samariter Mitleid verspürt. Zentral ist die helfende Handlung. Die wiederum kann auch an Professionelle delegiert werden. Deshalb läuft der häufig genannte Einwand, Liebe lasse sich nicht befehlen, ins Leere. Bestimmte Gefühle können nicht gefordert werden, bestimmte Handlungen jedoch schon. Eine weitere Facette zeigt sich an der Geschichte: Obwohl aus christlicher Sicht das Nächstenliebegebot universell gilt, wird es immer kontextuell angewendet, in einer bestimmten Situation gegenüber konkreten Personen. Damit ist dessen Reichweite so groß wie die des Handelns selbst. In dem Maße, wie Handlungszusammenhänge in modernen Gesellschaften organisiert und institutionalisiert sind, erweitern sich die Möglichkeiten eines Handelns, das sich an Nächstenliebe orientiert. Allerdings ist kritisch anzumerken, dass sich die Kirchen häufig nicht an die eigenen Maßstäbe gehalten haben und auch heute nicht halten. Zudem besteht bei helfendem

Handeln grundsätzlich die Gefahr des *Paternalismus,* des bevormundenden Handelns zum Wohl des anderen. Wir kommen auf diese Problematik in Kapitel 7 ausführlicher zu sprechen.

Care und Caring

Die Karriere des Care-Begriffs begann im Kontext der feministischen Ethik. Er geht in der heute gebräuchlichen Form zurück auf die Untersuchungen Carol Gilligans zu geschlechtsspezifischen Unterschieden bei der Beurteilung moralischer Probleme. Ihre These lautet, dass es zwei verschiedene Zugänge zu moralischen Problemen gibt, die mit dem Geschlecht korrelieren, einen gerechtigkeitsorientierten (eher männlichen) und einen beziehungsorientierten und sorgenden (eher weiblichen). Die lange und weitverzweigte Diskussion über die sich hieraus entwickelnde Care-Ethik kann an dieser Stelle nicht dargestellt werden. Stattdessen beziehen wir uns auf einige Punkte, die uns für unseren Zusammenhang zentral erscheinen.

Zunächst ist zu klären, welchen Status das Geschlecht im Zusammenhang der Care-Orientierung hat. Ist sie gewissermaßen die „natürliche" Art und Weise, wie Frauen auf – auch moralisch relevante – Konflikte reagieren oder hängt sie nicht vielmehr von der gesellschaftlich und kulturell vermittelten Geschlechterrolle ab? In der einschlägigen Debatte wird zwischen „Sex", dem biologischen, und „Gender", dem soziokulturellen Geschlecht unterschieden (wobei der kritische Einwand nachzuvollziehen ist, dass auch das angeblich biologische Geschlecht Ergebnis gesellschaftlicher Konstruktionsprozesse ist, womit die Sex-Gender-Unterscheidung letztlich kollabiert).

Ein weiterer Punkt ist die mit der Care-Orientierung verbundene Beziehungs- und Kontextbezogenheit. Eine besondere Rolle spielen asymmetrische Beziehungen wie das Mutter-Kind-Verhältnis. Zu fragen ist zum einen, ob Bindungen besondere moralische Relevanz haben oder ob sie selbst der Ursprungsort der Moral sind. Beide Perspektiven sind jedoch problematisch. Was bedeutet etwa die besondere Relevanz von Beziehungen für das Verhältnis zu unbekannten Menschen? Zudem sind nicht alle Bindungen und Beziehungen in jedem Fall unterstützenswert oder in sich moralisch (z. B. Jugendgangs oder rechtsradikale Gruppierungen). Tugenden wie Fürsorglichkeit,

Empathie und Anteilnahme, die mit der Care-Orientierung verbunden sind, lassen sich auch als Standards verstehen, die die Mechanismen der Benachteiligung und Unterdrückung von Frauen geradezu verfestigen. Das Problem ist aus feministischer Perspektive doch, dass wegen der empathischen und fürsorglichen Ausrichtung die Artikulation eigener Bedürfnisse verhindert wird. Dass also, mit anderen Worten, die Selbstsorge hinter der Fürsorge verkümmert. Außerdem besteht der Kampf um Anerkennung und Gleichberechtigung gerade darin, Gerechtigkeit (also ein aus der Perspektive der Care-Ethik männliches Prinzip) einzuklagen.

Und schließlich ist auszuweisen, welchen Status das Caring hat. Für Gilligan stellt sich Care als ein Prinzip dar, das in emotionalen Bindungen wurzelt. Andere Autorinnen sehen im Caring eine Einstellung, die sich aus der Praxis des Sorgens in asymmetrischen Beziehungen ergibt. Für wiederum andere ist Care eine gesellschaftliche Praxis. Sie ist jene Aktivität, die alles umfasst, was wir tun, um unsere Welt zu verändern, zu erhalten und instand zu setzen; darunter fallen auch berufliche Tätigkeiten wie die Pflege. Und Weitere verstehen Care als das Erfüllen von Bedürfnissen einer anderen Person, die diese sich nicht selbst erfüllen kann. Care ist dann eine Interaktion zwischen einer versorgenden und einer zu versorgenden Person.

Zwei Zusammenhänge sind hier für Pflege von besonderer Bedeutung. Der Begriff des Caring geht implizit oder explizit von asymmetrischen Beziehungen aus. Damit ist ein Gefälle gegeben zwischen dem Subjekt und dem Objekt der Fürsorge. Dieses wird als bedürftiges Wesen verstanden, das der Hilfe bedarf. Hier liegt offensichtlich der Schritt zur Defizitorientierung in der Pflege nahe. Damit gelangen Ressourcen und Fähigkeiten der Patienten nicht in den Blick, oder pflegetheoretisch formuliert: seine oder ihre Selbstpflege-Fähigkeiten (Orem). Natürlich sind helfende Beziehungen der Tendenz nach asymmetrisch, darüber sollte man sich nicht täuschen; aber problematisch wäre es, aus dieser Asymmetrie unter der Hand ein Konzept zu machen und auf Abhängigkeit statt auf Emanzipation zu setzen. Überdies bleibt ausgeblendet, dass die Beziehung zwischen Professionellen und Patientinnen oder Bewohnern in eine organisatorische Binnenstruktur einbezogen ist, die ein Machtgefälle erzeugt, das in pflegerischen Beziehungen auch (und zwar von beiden Seiten) ausgenutzt werden kann. Wir kommen in Kapitel 9 darauf ausführlicher zurück.

Schließlich ist zu fragen, ob sich das Modell der Care-Ethik auf Pflege als Beruf ohne Weiteres übertragen lässt. Pflege hat sich auf der einen Seite als Beruf ausdifferenziert, andererseits ist Pflegen eine überall vorkommende alltägliche Handlungsform. Die Care-Ethik orientiert sich jedoch am Modell der Handlungsform, inwieweit lässt sie sich dann auf das professionelle Handeln anwenden? Oder in anderen Worten: Sind Caring und Nursing identisch? Das Professionalisierungsargument jedenfalls zielt darauf ab, Pflege von der alltäglichen Pflege abzukoppeln und als Ausdruck professionell zu entwickelnder Fähigkeiten, Fertigkeiten und Qualifikationen zu machen. Jedenfalls muss eine Pflegeethik reflektieren, wie viel *Caring* das *Nursing* verträgt. Zu einer reflektierten Praxis des Nursing gehört es, auf Caring auch verzichten zu können. Anders gesagt: Innerhalb des Care-Prinzips muss begründet werden können, dass und wann auf Caring verzichtet werden muss.

Individuelles Gut-Sein – Tugenden und Kompetenzen

Schon ein kurzer Überblick über Stellenanzeigen in einer Fachzeitschrift macht deutlich, was – insbesondere Arbeitgeber – von Pflegenden erwarten. Häufig genannt werden vor allem Kommunikationsfähigkeit, Belastbarkeit, fachliche, persönliche und soziale Kompetenzen, Engagement, Flexibilität, Teamfähigkeit, Verantwortungsbewusstsein, Zuverlässigkeit. Dies sind zumeist Eigenschaften, die nicht – wie etwa Fachwissen – einfach erlernt werden können. Engagement muss man schon irgendwie mitbringen (etwa durch eine entsprechende Motivation), Kommunikationsfähigkeit kann man sich nicht in einem Lehrbuch oder einem Ratgeber anlesen. Eigenschaften wie diese werden unter dem Begriff „Kompetenzen" thematisiert. Beruflich relevante Kompetenzen lassen sich einteilen in fachliche, persönliche und soziale. Um sich hinsichtlich dieser genannten Anforderungen orientieren zu können, ist es zunächst sinnvoll zu klären, was Kompetenzen eigentlich sind.

Der Kompetenzbegriff wird in vielen Wissenschaftsbereichen verwendet. Ursprünglich beheimatet ist er in den Rechtswissenschaften, er findet sich auch in der Biologie, der Psychologie und der Linguistik. Für unseren Zusammenhang bedeutsam ist seine Aufnahme in der allgemeinen und der Berufspädagogik. Hier findet man das bekannte Dreierschema von Selbst-,

Sach- und Fachkompetenz. Es geht bei ihnen um Selbstregulation, um die Handlungsfähigkeit in komplexen Situationen und um soziale und kommunikative Fähigkeiten. In der Berufspädagogik wird der Kompetenzbegriff mit dem der Schlüsselqualifikationen verbunden und meist in Sozial-, Methoden-, Selbst- und Fachkompetenz differenziert.

Kompetenzen sollen Kontingenzbewältigung ermöglichen. Angesichts immer komplexerer Verhältnisse bewähren sich kompetente Individuen hinsichtlich der Anforderungen des Arbeitsmarktes. Die Frage „Kompetent wofür?" wird jedoch meist nicht gestellt. Die Legitimität der beruflichen Anforderungen wird schlicht unterstellt. So geraten die entsprechenden Verwertungszusammenhänge ebenso aus dem Blick wie Fragen von Macht und Kontrolle. Insgesamt entsteht der Eindruck, dass mit dem Kompetenzdiskurs die Tendenz einhergeht, Probleme des Arbeitsmarktes und der Veränderung der Arbeitsgesellschaft zu individualisieren, zu psychologisieren und zu pädagogisieren. Kompetenzen sind weiter als Steigerungsmodell gedacht. Dahinter steht eine Perfektibilitätsvorstellung. Kompetenzen haben keine innere Begrenzung, sie können nicht nur immer besser angeeignet werden, sie müssen es sogar. Die Vorstellung des lebenslangen Lernens basiert nicht nur darauf, dass Wissensbestände veralten und man deshalb immer auf der Höhe des State of the Art bleiben müsse. Solange sich die Verhältnisse ändern, müssen die Kompetenzen geschärft werden, die immer neue Anpassungsleistungen ermöglichen.

Um genauer herauszuarbeiten, was es mit diesen Kompetenzen auf sich hat und wie sie letztlich zu bewerten sind, lohnt ein kleiner Abstecher in die philosophische Tradition: Menschen sind auf Kooperation miteinander angewiesen. Um diese zu ermöglichen, ist eine wechselseitige Stabilität der Verhaltenserwartungen notwendig. *Tugenden* können als ein Mechanismus verstanden werden, diese Stabilität zu etablieren. Dies geschieht – und hier unterscheiden sich Tugenden von Normen, deren Funktion man in gleicher Weise bestimmen könnte – dadurch, dass sie den Menschen mit bestimmten Motiven ausstatten, die die Form von Haltungen oder Dispositionen haben. In diesem Sinne sind sie Mechanismen für die Erfordernisse des sozialen Lebens, die dem Einzelnen ermöglichen, adäquat auf unterschiedliche Situationen zu reagieren. Das deutsche Wort „Tugend" stammt wohl ursprünglich von einem Wort ab, das „zuverlässig" oder „aufrecht" bedeutet; gebraucht wurde es aber zumeist in einem Bedeutungsumfeld von Begriffen wie „taugen“ oder „tüchtig“. Wer über Tugend verfügt, ist für etwas tauglich, kann und beherrscht etwas. Tugenden liefern über diese eher funktionale Bestimmung hinaus die qualitativen Kriterien, die es erlauben, die Lebensführung eines Menschen als gut zu bezeichnen. Gut ist der Mensch, der über die Tugenden verfügt, die sein Leben zu einem guten Leben machen.

Das klassische Tugendmodell geht auf Aristoteles zurück. Dieser fragt nach den Haltungen, die eine glückende Lebensführung in der Gemeinschaft ermöglichen. Dabei unterscheidet er dianoetische (Verstandes-) und ethische Tugenden. Diese sind weniger Eigenschaften, sondern eine bestimmte Verfasstheit, die „Tüchtigkeit“ einer Person. Sie bilden ihren Habitus, ihren Charakter. Aristoteles bestimmt die Tugend als ein Mittleres zwischen zwei Extremen, wobei Mitte nicht im Sinn von arithmetischem Mittel oder sogar Mittelmäßigkeit zu verstehen ist. Vielmehr geht es um das Entsprechende, das zwischen den Extremen vermittelt. Nimmt man dies als Grundlage, lässt sich diese mit einigen Vereinfachungen zwanglos auf die Bestimmung zumindest von sogenannten Sozial- und Selbstkompetenzen anwenden. Kompetenzen lassen sich wie Tugenden als Mitte zwischen zwei Extremen darstellen. Mitte heißt in diesem Zusammenhang, situationsangemessen die Handlungsweise zu wählen, die die spezifische Situation in ihrem Kontext trifft. Kompetent handelt, wer seine entsprechenden Fähigkeiten situationsangemessen zur Geltung bringen kann. Eine kompetente Person erfasst die Besonderheiten einer Situation und eines Kontextes und stimmt ihre Handlung darauf ab. Dabei spielt das praktische Urteilsvermögen eine zentrale Rolle.

Wie dies konkret aussehen könnte, kann an einem Beispiel kurz demonstriert werden. Nimmt man etwa die oben angesprochene kommunikative Kompetenz, könnte man sie darstellen, indem man die Kompetenz auf einem Kontinuum abträgt und damit die möglichen Verhaltensextreme bezeichnet und ihnen idealtypische Positionen zuordnet:

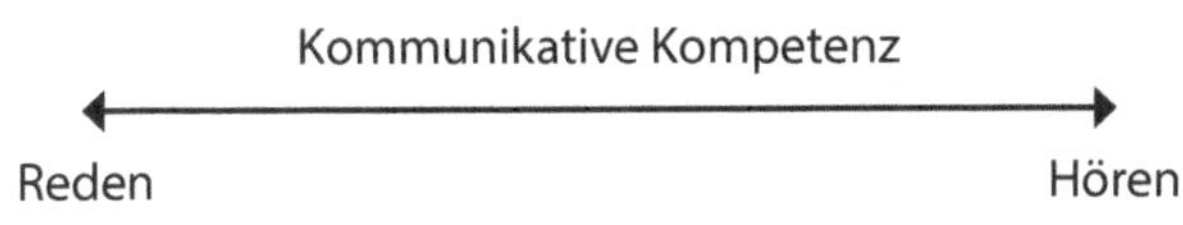

Kommunikativ kompetent ist eine Person, die in spezifischen Kontexten abzuschätzen weiß, wann wem was wie gesagt werden muss und wann stattdessen Schweigen und – damit verbunden – aktives Zuhören der Situation angemessen ist. Eine kommunikativ kompetente Person weiß, wann sie das Wort ergreifen muss und sie weiß, wann dieses Wort seine größte Wirkung entfaltet. Es geht also nicht allein um die Inhalte, sondern auch um die spezifische, dem Kontext angemessene, Form. Und in nicht zu wenigen Fällen ist es besser, zunächst erst einmal nichts zu sagen und stattdessen zuzuhören oder gemeinsam zu schweigen.

Die oben genannten Eigenschaften lassen sich alle nach diesem Modell näher bestimmen, Flexibilität z. B. als Mitte zwischen Festgelegtsein und Beliebigkeit, Teamfähigkeit als Mitte zwischen Eigenbrötlerei und Mitläufertum. Von besonderer Bedeutung ist die – ebenfalls oft in Stellenanzeigen genannte – Empathie. Empathie steht im Zusammenhang mit der adäquaten Bestimmung von Nähe und Distanz. Es geht bei ihr um eine angemessene Beziehungsqualität, darum, eine kommunikative Situation zu ermöglichen, in der die andere Person sich angemessen wahrgenommen fühlt, um ihre Anliegen zur Sprache (wenn auch nicht notwendigerweise verbal) kommen lassen zu können. Es geht weniger darum, sich in diese andere Person hineinzuversetzen, was auch gar nicht funktioniert. Und selbst wenn es ginge: Empathie ist kein Wissen, auch nicht über die Befindlichkeit, einer anderen Person, sondern die angemessene Positionierung ihr gegenüber. Selbst wenn ich wüsste, wie es der anderen Person geht, folgte daraus noch nicht automatisch mein entsprechendes Verhalten.

Tugenden und Kompetenzen gleichen sich darin, dass sie nicht kognitiv erlernt, sondern durch Übung erworben werden. Sprachen lernt man, indem man sie spricht, sich mit anderen Menschen verständigt. Durch das Lernen von Vokabeln allein kann man sich eine Sprache nicht aneignen. In gleicher Weise werden Kompetenzen (wie auch Tugenden) durch *Übung* erworben. Übung ist ein reflexives Unternehmen. Man beobachtet sich selbst beim entsprechenden Tun (oder lässt sich von anderen beobachten) und bezieht das Beobachtete in die Wiederholung ein. Übung dient der Verbesserung der Praxis. Eine Gefahr ist das bereits angesprochene Perfektionsideal, das dazu (ver-)führen kann, sich zu überfordern und unrealistische Erwartungen an sich – aber auch an andere – zu richten. Wer das Gefühl hat, die selbst gesteckten Standards nie erreichen zu können, gibt unter Umständen das Unternehmen auf oder flüchtet sich in Selbstmitleid oder Zynismus mit möglichen destruktiven Folgen.

Ein weiteres Problem wurde ebenfalls oben schon angesprochen. Insbesondere berufliche Kompetenzen stehen in einem Verwertungszusammenhang. Gerade bei Anforderungen wie Flexibilität, Belastbarkeit und Verantwortungsbewusstsein regt sich der Verdacht, dass strukturelle Bedingungen in Einrichtungen wie Personalmangel, Arbeitsbelastung und ökonomischer Druck durch diese Kompetenzen individualisiert und damit auf die Beschäftigten abgewälzt werden sollen. Flexibilität ist funktional für eine Gesellschaft, in der der Arbeitsmarkt liberalisiert ist und sich die Anforderungen an die Arbeitskräfte in kurzen Abständen verändern. Grundsätzlich ist weder etwas gegen Verantwortungsbewusstsein noch gegen Flexibilität und Belastbarkeit zu sagen – aber je nach Kontext bekommen diese eine unterschiedliche Bedeutung. Noch einmal anders gewendet: Kompetenzen können nicht unabhängig von den Zielen gesehen werden, um derentwillen sie eingesetzt werden. Kommunikative Kompetenz bedarf eines kritischen Maßstabs, um nicht manipulativ verwendet zu werden, Empathie darf nicht dazu verwendet werden, um Personen in eine Richtung zu lenken, die sie eigentlich gar nicht wollen. Anders als Tugenden sind Kompetenzen nicht unabhängig von der Art und dem Zweck ihres Einsatzes.

In der Pflegewissenschaft ist Patricia Benners Kompetenzverständnis von besonderer Bedeutung. Ihr geht es um ein angemessenes Verständnis von theoretischem und praktischem Wissen und dem Verhältnis beider Wissensformen zueinander. In der Entwicklung vom Neuling zur Pflegeexpertin verliert die Befolgung regelgeleiteten Wissens ihr Gewicht und wird Schritt für Schritt durch erfahrungsbasiertes praktisches Wissen ersetzt. Das intuitive Wissen der Expertinnen beruht aber nicht auf einem unklaren Bauchgefühl, sondern ist das Resultat beruflicher Erfahrung, die es den Expertinnen möglich macht, gewissermaßen auf der Basis einer Mustererkennung Konstellationen zu erschließen und die eigenen Handlungen entsprechend zu gestalten. Damit wird theoretisches Wissen nicht überflüssig. Im Gegenteil: Nichtreflektierte Erfahrung tendiert dazu, blind zu werden und nur noch Zusammenhänge wahrzunehmen, die die bisherige Erfahrung bestätigen und Widersprechendes auszublenden. Das praktische Wissen benötigt das theoretische Wissen, benötigt aktuelle Kenntnisse von Forschungsergebnissen, um sich immer wieder kritisch korrigieren zu lassen. Früher wurde nach einer Operation häufig eine strikte Bettruhe eingehalten, heute wird so früh wie möglich mobilisiert.

Literatur

Benner, Patricia (1994): Stufen zur Pflegekompetenz. From Novice to Expert, Bern (Huber).

Bieri, Peter (2001): Das Handwerk der Freiheit. Über die Entdeckung des eigenen Willens, München, Wien (Hanser).

Bischoff, Claudia (1997): Frauen in der Krankenpflege. Zur Entwicklung von Frauenrolle und Frauenberufstätigkeit im 19. und 20. Jahrhundert, 3. überarbeitete und erweiterte Neuaufl., Frankfurt/New York (Campus).

Conradi, Elisabeth (2001): Take Care, Grundlagen einer Ethik der Achtsamkeit, Frankfurt/New York (Campus).

Dallmann, Hans-Ulrich (2003): Fürsorge als Prinzip? Überlegungen zur Grundlegung einer Pflegeethik, in: Zeitschrift für Evangelische Ethik 47/2003, S. 6–20.

Dallmann, Hans-Ulrich (2009): Eine tugendethische Annäherung an Begriff und Pädagogik der Kompetenzen, in: Ethik und Gesellschaft 3/2009, H. 1, https://open-journals.uni-tuebingen.de/ojs/index.php/eug/article/view/1-2009-art-3/150, Zugriff 2. Januar 2016.

Wendel, Saskia (2003): Feministische Ethik zur Einführung, Hamburg (Junius).

Kapitel 6. Die gute Patientin, Bewohnerin

Menschen führen ihr Leben selbstbestimmt, aber sie führen es nicht allein. Sie sind selbstständig, aber nicht autark. Als soziale Wesen sind sie aufeinander angewiesen, in manchen Situationen sind sie von anderen abhängig. In bestimmten Lebensphasen ist dies besonders augenfällig, etwa in der Kindheit oder bei Gebrechlichkeit im Alter. Menschen benötigen in arbeitsteiligen Gesellschaften Leistungen anderer, um ihr Leben selbstständig führen zu können. Selbstständige Lebensführung und Abhängigkeit von anderen schließen sich nicht aus, das Angewiesensein auf andere ist vielmehr eine notwendige Bedingung der Selbstständigkeit. Das ist in Alltagssituationen so: Die meisten Menschen können nicht ihre Waschmaschine reparieren, sie können nicht ihre Kinder unterrichten, meist auch nicht ihre Haare schneiden. Für solche Situationen gibt es Handwerkerinnen, Schulen oder Friseure.

Krankheit und Pflegebedürftigkeit sind Lebenssituationen, in denen man auf die Hilfe anderer angewiesen ist. Bei Bagatellfällen kommt man zwar in der Regel selbst zurecht, wenn es aber komplizierter oder langwieriger wird, wird man auf professionelle Hilfe zurückgreifen (müssen). Das war nicht immer so – und in manchen Kulturen und Gesellschaften ist es auch jetzt noch anders –, aber zumindest in unserer Gesellschaft wird der Hilfebedarf in großem Ausmaß von Organisationen und ihren professionellen Mitgliedern gedeckt. Damit entstehen unterschiedliche Rollen mit ihren jeweils zugeordneten Verhaltenserwartungen. Die professionellen Rollen übernehmen Ärzte, Gesundheits- und Krankenpflegerinnen und Altenpfleger sowie weitere Berufsgruppen unterschiedlicher therapeutischer Ausrichtung. Die korrespondierende Rolle der Betroffenen sind die der Patientin oder des Bewohners in Einrichtungen der Altenpflege.

Pflegebedürftigkeit

Pflege wird tätig, wenn ein Pflegebedarf besteht und wenn der oder die Betroffene entsprechende Leistungen nachfragt. In genau diesem Kontext ist es dann auch sinnvoll, professionelle Pflege als Dienstleistung zu verstehen. Um den Gegenstand der Pflege angemessen fassen zu können, und damit auch klären zu können, wann Pflege legitimerweise erwartet werden kann, muss ein Pflegebedürftigkeitsbegriff formuliert werden, der hinreichend trennscharf zwischen einem Vorliegen und einem Nichtvorliegen von Pflegebedarf unterscheiden kann. Der „Bericht des Expertenbeirats zur konkreten Ausgestaltung des neuen Pflegebedürftigkeitsbegriffs" hat im Jahr 2013 eine solche Definition vorgeschlagen. Demzufolge ist pflegebedürftig,

> *„wer infolge fehlender personaler Ressourcen, mit denen körperliche oder psychische Schädigungen, die Beeinträchtigung körperlicher, kognitiver oder psychischer Funktionen oder gesundheitlich bedingte Belastungen und Anforderungen kompensiert oder bewältigt werden können, dauerhaft oder vorübergehend zu selbstständigen Aktivitäten im Lebensalltag, selbstständiger Krankheitsbewältigung oder selbstständiger Gestaltung von Lebensbereichen und sozialer Teilhabe nicht in der Lage und daher auf personelle Hilfe angewiesen ist." (Bericht des Expertenbeirats zur konkreten Ausgestaltung des neuen Pflegebedürftigkeitsbegriff 2013, S. 11)*

An dieser Definition fällt auf, dass der Bedarf nicht in erster Linie auf Krankheit zurückgeführt wird, sondern auf Einschränkungen bei der Bewältigung von Krankheiten oder bei der selbstständigen Lebensführung oder der sozialen Teilhabe. Anders gesagt: Pflege unterstützt Personen bei der Kompensation und Bewältigung von Situationen, in denen Schädigungen, Beeinträchtigungen oder Belastungen körperlicher und psychischer Art vorliegen. Damit wird die Fixierung des Begriffs der Pflegebedürftigkeit auf eine medizinische Diagnose abgelöst. Stattdessen zielt der Begriff auf einen zu ermittelnden Hilfebedarf, der nur mittelbar von Krankheit und deren Folgen beeinflusst ist. Indirekt ist mit dieser Bestimmung auch das soziale Umfeld der Betroffenen angesprochen, wenn die Pflegebedürftigkeit auf fehlende personale Ressourcen bezogen wird. Leitbegriff bei all dem ist die Selbstständigkeit der Lebensführung. Diese soll entweder wiederhergestellt (vorübergehend nicht in der Lage) oder kompensiert (dauerhaft nicht in der Lage) werden, wobei unbestimmt bleibt, welche Rolle die Selbstständigkeit in letzterem Fall spielen soll, wie also auch bei Einschränkungen Selbstständigkeit zumindest teilweise erhalten oder gefördert werden kann. Damit orientiert sich der Begriff weitgehend an der Autonomie der betroffenen Personen. In der Pflegeethik (aber nicht nur in ihr) wird dies unter dem Thema Patientenautonomie diskutiert.

Patientenautonomie

Autonomie bedeutet Selbstbestimmung, genauer Selbstgesetzgebung, in dem Sinne, dass sich eine autonome Person an selbst gewählten Prinzipien orientiert. Das Prinzip der Patientenautonomie wird jedoch meist nicht in diesem umfassenden philosophischen Sinn verstanden. Zunächst ist es formuliert worden, um Ablehnungsrechte zu begründen. Es geht zurück auf das Modell der Zustimmungsregel, des sogenannten Informed Consent, demzufolge Patientinnen auf der Basis ausreichender Information in medizinische Behandlungen einwilligen. Gedacht war vor allem daran, Schadensersatzansprüche abweisen zu können, wenn Behandlungen nicht den gewünschten Erfolg gebracht oder sogar Schädigungen (die nicht auf fehlerhaftem oder fahrlässigem Handeln beruhten) verursacht hatten.

In der Folge wurde das Prinzip der Patientenautonomie weiterentwickelt und bezieht sich nicht mehr allein auf die informierte Zustimmung im engen Sinn. Vielmehr gilt als Prinzip, dass jede Form von medizinischer und pflegerischer Behandlung grundsätzlich in Übereinstimmung mit dem Willen des oder der Betroffenen geschieht.

Monika Bobbert entfaltet die Patientenautonomie in fünf Hinsichten: als *Recht auf Zustimmung oder Ablehnung*, als Recht auf Information, als Recht auf Festlegung des Eigenwohls, als Recht auf Wahl zwischen möglichen Alternativen und als Recht auf möglichst geringe Einschränkung des Handlungsspielraums durch Institutionen. Der erste Punkt greift die Bestimmungen des Informed Consent auf, die weiteren Punkte gehen darüber hinaus. Das *Recht auf Information* wird von der Seite der Empfänger interpretiert: Eine Information kommt erst dann zustande, wenn der Empfänger sie verstanden hat. Damit bekommt die Informationsvermittlung eine herausgehobene Stellung. Das Recht auf Information schließt das Recht auf Unwissen ein: Dass mir gegenüber eine Informationspflicht besteht, bedeutet nicht gleichzeitig, dass ich diese auch einfordern muss. *Festlegung des Eigenwohls* heißt in einfachen Worten, dass die Patientin selbst bestimmen kann, was sie für sich als gut erachtet. Ihre Vorstellungen darüber, wie es mit ihr weitergehen soll, stehen im Zentrum und nicht die Expertenmeinungen der Professionellen. Das *Recht auf Wahl von Alternativen* wiederum besagt, dass in konkreten Situationen unterschiedliche Behandlungspfade aufgezeigt werden müssen, damit überhaupt eine echte Wahl zustande kommen kann. Der letzte Punkt wiederum beinhaltet, dass die Entscheidungsspielräume von Betroffenen nicht der Organisationslogik der Einrichtungen zum Opfer fallen dürfen.

Es liegt auf der Hand, dass diese Rechte zu Konflikten und Dilemmasituationen führen können. Das Berufsethos der Pflege, so ein Einwand, gebietet es Pflegenden, auf alle Handlungen zu verzichten, die dem Patienten schaden, und macht es zur Aufgabe, dessen Wohl zu fördern (die bereits genannten Prinzipien der Nonmalefizienz und Benefizienz). Konflikte entstehen dann, wenn vonseiten der zu Pflegenden Wünsche geäußert werden, die die Pflegenden zu Handlungen veranlassen würden, die ihres Erachtens gerade nicht deren Wohl befördern oder Schaden vermeiden würden. Plakativ gesprochen geht es also um Konflikte zwischen pflegerischer Fürsorge und der Autonomie der Patientinnen (wir greifen unter dem Begriff des Paternalismus solche Dilemmasituationen in Kapitel 7 ausführlicher auf). Allerdings, so ein Gegeneinwand, muss gefragt werden, wer denn entscheiden kann, was das Wohl bzw. was ein Schaden für Betroffene ist; dies kann die Person selbst nicht nur am besten, sondern prinzipiell nur selbst bestimmen. In diesem Zusammenhang steht auch das Instrument der Patientenverfügung, das in Kapitel 4 bereits angesprochen wurde.

Fraglich ist, ob von Patienten eine autonome Entscheidung in schwierigen Situationen verlangt werden kann. Denn dem Recht auf Autonomie korrespondiert nicht die Pflicht zur Autonomie. Aber selbst wenn Betroffene in einer Situation durch die Notwendigkeit einer Entscheidung überfordert sind, wird damit nicht das grundsätzliche Recht auf Selbstbestimmung ausgehebelt. Gleichwohl ist nach den Voraussetzungen zu fragen, die die Durchsetzung dieses umfassenden Rechts aufseiten der Patientinnen und Bewohner hat; es ist zu diskutieren, welche fachlichen Voraussetzungen das Pflegepersonal mitbringen muss, um deren Wünsche zu erkennen und zu respektieren, und es muss nach den organisatorischen Rahmenbedingungen gefragt werden, die notwendig sind, um diese Rechte zu gewährleisten (Information kostet Zeit und Personal, die Bereitstellung von echten Alternativen ist unter Umständen ebenfalls zeitaufwendig und teuer).

Compliance und Eigensinn

Die Festlegung des Eigenwohls, so war zu sehen, ist ein wichtiger Aspekt der Patientenautonomie. Eigenwohl ist kein objektiver Wert, der unabhängig von der Lebensgeschichte und den Deutungen einer Person festgestellt werden könnte. Er ist abhängig von den Sinnzuschreibungen, mit denen eine Person versucht, ihr Leben zu verstehen. Mit Sinnzuschreibungen ist allenfalls am Rande gemeint, was als „Sinn des Lebens" bezeichnet wird. Es geht in der Regel nicht um letzte Sinnerfahrungen, sondern um die Bedeutungen, mit denen das alltägliche Erleben und Handeln in einen Zusammenhang gebracht werden. Personen machen die Welt zur Wirklichkeit für sich. Sie müssen sie deuten, mit Bedeutungen versehen und sie so zu ihrer Welt gestalten. Beim Gebrauch von Sinn geht es um Zusammenhänge, um Anschlussfähigkeit. Der Alltag muss, wie man umgangssprachlich sagt, auf die Reihe gebracht werden. Das gelingt selbstverständlich nicht immer. Insbesondere die Ereignisse, die sich nicht einfach in den Zusammenhang einreihen lassen, müssen verarbeitet werden. Da Menschen ihr Leben deutend führen, geht es in Krisensituationen immer auch um die Deutungen, mit denen Menschen ihrem aktuellen Erleben und Handeln Sinn zuschreiben oder diesen nicht erkennen, also keinen Zusammenhang herstellen können. Ihre Deutungen sind für eine Person nicht immer produktiv, im Gegenteil, sie können Probleme verschärfen oder erst entstehen lassen. Das in der Soziologie bekannte Thomas-Theorem bringt dies auf den Punkt: Wenn Menschen eine Situation als real definieren, wird sie in ihren sozialen Konsequenzen real sein. Selbst wenn Menschen Ressourcen haben, werden sie diese nicht nutzen, wenn sie nicht glauben, dass sie sie haben.

Zu solchen Krisensituationen können Krankheit oder Pflegebedürftigkeit gehören. Auch diese Situationen bedürfen der Deutung und der *Einbeziehung in die Lebensgeschichte.* Betroffene schreiben ihnen einen Sinn zu. Wobei nochmals zu betonen ist, dass sinnvoll nicht gut und vernünftig meint, sondern allein anschlussfähig. Unter veränderten Bedingungen versuchen Betroffene sich und ihre Situation zu verstehen, einzuordnen und nach Anschlussmöglichkeiten für die Zukunft zu suchen. Die Deutungen der Betroffenen mögen nicht immer andere Personen zu überzeugen. Die Vorstellungen, was gut für sie ist, können in einem mehr oder minder großen Widerspruch zu dem stehen, was Pflegende für gut und sinnvoll halten.

Dieses Problem wird häufig unter dem Begriff „Compliance" thematisiert. Damit ist gemeint, dass Betroffene auf die Deutungen, Empfehlungen und Verhaltensregeln, die ihnen Expertinnen vorlegen, so reagieren sollen, dass sie diese als eigene Maßstäbe übernehmen. Dazu gehört, gewissermaßen als erste Compliance-Pflicht, die Übernahme der Patientenrolle, also die Anerkennung einer Asymmetrie zwischen Professionellen und Laien. Geschieht das nicht, sind in der Regel Konflikte programmiert. Expertinnen fühlen ihre Expertise nicht gewürdigt (zu der in gewissem Maß gehört, Zusammenhänge und Entwicklungen besser einschätzen zu können als der Patient) und Patienten fühlen sich gegängelt und bevormundet. Aus der Sicht der Professionellen hat der Patient dann ein Problem, das er nicht als Problem wahrnimmt („Wenn Sie sich nicht mehr bewegen, dann ..."). Dann wird die Nichtwahrnehmung des Problems zu einem Teil des Problems, wenn nicht gar zum zentralen Problem selbst.

Aber, so lässt sich fragen, was nötigt jemanden dazu, einen Sachverhalt als Problem zu sehen, wenn er oder sie ihn nicht als Problem sieht? Der Leidensdruck vielleicht. Aber was, wenn dieser Leidensdruck nicht vorliegt? Ist dann auch das Fehlen des Leidensdrucks das Problem des Problems? Und müsste dann nicht zu allererst ein Leidensdruck erzeugt werden, damit über den Leidensdruck das Problem als Problem erkannt wird? Das klingt dann doch allzu sehr nach schwarzer Pädagogik. Aber es beschreibt ein reales Problem, mit dem Praktikerinnen immer wieder konfrontiert sind. Nicht erst die fehlende Bereitschaft, die Interventionsvorschläge der Professionellen anzuerkennen und in eigene Handlungsmaximen zu übernehmen, ist ein Problem der Compliance, sondern schon die Übernahme der Situations- und Problemdefinition, die von den Experten formuliert wird. Wegen dieser Problematik wird aktuell der Begriff Compliance in den fachlichen Debatten durch den der Adhärenz ersetzt.

Natürlich kann in solchen Situationen versucht werden, mit noch mehr Information und weiterer Beratung eine Änderung herbeizuführen. Das klappt aber nicht immer. Die Aufgabe für beide Seiten, für Patientinnen und für Professionelle, besteht dann darin, die unterschiedlichen Orientierungen und Deutungen zunächst einmal zu artikulieren. Das ist nicht immer einfach, da Menschen oft unklare und nicht explizite Vorstellungen haben, die ihnen zudem nicht deutlich bewusst sind. Trotz aller Bemühungen wird man dennoch oft genug nicht zu einem Ergebnis kommen, das beide Seiten als angemessen übernehmen können. Menschen sind eigensinnig. Die Grenze zwischen Eigensinn und selbstschädigendem Verhalten sind schwer und nur jeweils im Einzelfall zu ziehen. Darf selbstschädigendes Verhalten in irgendeiner Weise sanktioniert werden, wenn andere dadurch nicht gefährdet werden? Dann stellt sich die Frage, ob der Eigensinn – wider eigenen besseren Wissens – ausgehalten oder ob er gebrochen werden soll.

Eigenverantwortung

Wenn Menschen wider den wohlmeinenden Rat von Expertinnen auf einer Lebensführung beharren, die gesundheitliche Risiken birgt, wird oft der Ruf nach Eigenverantwortung laut. An diesem Punkt treffen sich ansonsten sehr unterschiedliche Positionen wie etwa die Deutsche Bischofskonferenz und der libertäre Sozialphilosoph Wolfgang Kersting. Während die einen für mehr Druck auf entsprechende Personen plädieren, tendiert der andere dazu, ihnen zumindest partiell Leistungen aus Versicherungen vorzuenthalten (wir werden dies in Kapitel 12 erneut aufnehmen). Unstrittig ist, dass viele Erkrankungen durch die Art der Lebensführung (mit-)verursacht sind. Allerdings suggeriert die Rede von der Lebensführung, dass diese allein das Ergebnis einer autonomen Selbstbestimmung sei. Das jedoch ist so nicht der Fall. Lebensstile korrelieren mit der sozialen Schicht oder dem sozialen Milieu. Jedes beliebige Lehrbuch der Sozialmedizin liefert die Belege dafür, dass das Vorliegen lebensstilbedingter Belastungen von der sozialen Lage abhängt. Die Forderung nach Eigenverantwortung führt in der Konsequenz nur zu einer weiteren Benachteiligung der ohnehin schon Benachteiligten.

Neben dieser sozialen Schieflage droht mit der Betonung der Eigenverantwortung eine *Stigmatisierung* der Betroffenen. Es wird dann folgerichtig zwischen fremd- und selbstverschuldeten Krankheiten und Einschränkungen unterschieden. Mit dieser Unterscheidung knüpft man – gewollt oder ungewollt – an die alte Begrifflichkeit von „würdigen" und „unwürdigen" Armen und Kranken an. Den einen gebührt Mitleid und Hilfe, den anderen Druck oder Strafe, im schlimmsten Fall Ausschluss. Auch wenn die Zuschreibung selbst herbeigeführter Probleme gesundheitspolitisch folgenlos bleiben sollte, ist es eine offene Frage, welche Folgen die Art und Weise, wie entsprechende Personen in den Einrichtungen des Gesundheitswesens im mehrfachen Sinn des Wortes behandelt werden, hat. Der mit der Stigmatisierung verbundene Entzug der moralischen Achtung dürfte für beide Seiten einer pflegerischen Beziehung nicht folgenlos bleiben. Verschärft würde diese Konstellation, wenn sich die Stigmatisierung nicht auf Einzelne, sondern auf Gruppen von Menschen bezöge (z. B. bei Adipositas oder Sucht).

Kategorisierungen, Typisierungen und Vorurteile

Menschen leben in einer komplexen Umwelt. Sie sind außerstande, alle möglichen Informationen aus der Umwelt aufzunehmen, deshalb müssen sie diese Komplexität reduzieren. Ein Mittel hierfür sind Stereotype. Mit ihnen wird die Wahrnehmung strukturiert und damit handhabbar gemacht. Stereotype sind sozial vermittelt und in kulturelle Wertsysteme eingebettet. Insofern sind Stereotype nicht einfach wahr oder falsch, sondern Klassifizierungssysteme, die der Unterscheidung wahr/falsch vorausgehen. Ein anderer Begriff für dieses Phänomen ist Kategorisierung. Mit Kategorisierung wird ein Prozess beschrieben, in dem die für ein Individuum relevante Umwelt nach Kategorien geordnet wird, die in Bezug auf ihre Relevanz für Handlungen, Absichten oder Einstellungen ähnlich oder äquivalent sind. Grundsätze des kategorialen Denkens sind die Generalisierbarkeitsannahme (d. h. Merkmale eines exemplarischen Vertreters einer Kategorie werden allen anderen zugeschrieben), die Wesensannahme (d. h. alle Mitglieder einer Kategorie teilen zugrundeliegende Gemeinsamkeiten – auch ein schwarzer Schwan ist ein Schwan) und die Konstanzannahme (d. h. trotz äußerlicher Veränderungen bleibt die Identität erhalten).

In diesem Zusammenhang gibt es Überschneidungen mit der Attributionsforschung, also der Frage nach den Mechanismen der Zuschreibung von Gründen in der sozialen Interaktion. Die oben angesprochene Generalisierbarkeitsannahme hat unterschiedliche Ausprägungen, abhängig davon, ob die Eigengruppe oder die Fremdgruppe im Fokus steht. Positiv bewertete Eigenschaften eines Mitglieds der eigenen Gruppe werden der Gruppe, negativ bewertete Eigenschaften dem Individuum zugeschrieben. Bei Mitgliedern der Fremdgruppe verläuft die Zuschreibung genau umgekehrt. Positiv bewertete Eigenschaften eines Gruppenmitglieds werden dem Individuum, negative Eigenschaften der Gruppe zugeschrieben. So wird klar, warum Vorurteile, also Überzeugungen über Eigenschaften einer Gruppe mit affektiv negativer Bewertung, die Tendenz haben, sich selbst zu bestätigen. Jede negative Erfahrung wird auf das Konto der Gruppe gebucht, während jede positive Erfahrung individualisiert und damit unwirksam gemacht wird.

Das alles zeigt die Ambivalenz von Kategorisierungen. Ohne sie könnten wir weder konsistent handeln noch Erkenntnisse gewinnen. Gleichzeitig birgt jede Kategorisierung die Gefahr, andere zu stigmatisieren. Ein Beispiel hierfür ist die Konstruktion der „Migranten" in Pflege und Pflegewissenschaft. Auf der einen Seite ist es wichtig zu sehen, dass Menschen mit Migrationshintergrund in mancher Hinsicht besonderer Achtsamkeit bedürfen, auf der anderen Seite besteht so das Risiko, sie zu einer Problemgruppe zu stilisieren. Damit verbunden sind dann häufig Übervereinfachungen, wie sie sich z. B. hinsichtlich muslimischer Patientinnen finden lassen (etwa in Bezug auf Essensgewohnheiten, religiöse Praktiken, kulturelle Einstellungen usw.). Ähnliche Zuschreibungen finden sich gegenüber alten Menschen, Alkoholkranken, Wohnsitzlosen, aber auch gegenüber bestimmten Patientengruppen wie Adipositas- oder Diabetespatienten.

Es gehört eine gute Portion professioneller Selbsteinschätzung dazu, kritisch mit den eigenen – allerdings nicht aufhebbaren – Stereotypen und Kategorisierungen umzugehen. Ein Korrektiv ist in dieser Hinsicht immer die Perspektive auf das Individuum in seiner Besonderheit. Eine kulturell sensible Pflege jedenfalls macht aus Patientinnen nichtdeutscher Herkunft keinen „Fall von", sondern versucht, patientenorientiert Eigenheiten und Besonderheiten zu berücksichtigen wie bei jedem anderen Menschen auch.

Einfache Mittel gegen Missachtung

Auf der Ebene alltäglicher Kommunikation können drei Haltungen hilfreich sein, wenn es darum gehen soll, Missachtung zu vermeiden. Früher nannte man diese Haltungen Anstand, Manieren und Takt. Wenn auch die Begriffswahl mittlerweile überholt erscheint, was damit gemeint ist, bleibt aktuell: Anstand heißt, dass es bestimmte Standards des Verhaltens gibt, die nicht unterschritten werden sollten. Diese Standards konkretisieren sich in den Manieren, in Verhaltenskodizes, die in einer Beziehung als angemessen bezeichnet werden. An einem Beispiel: Wenn ich eine andere Person duze oder mit Vornamen anrede, setze ich entweder voraus, dass wir eine persönliche Beziehung haben oder dass es sich beim Gegenüber um ein Kind handelt. Wenn beides nicht der Fall ist, kommuniziere ich mit dem „Du" einen Entzug des Respekts, es sei denn, diese Anredeform ist in einem speziellen Milieu der Standard. Deshalb ist nicht zuletzt Takt vonnöten. In ihm zeigt sich die Fähigkeit, dem oder der anderen in einer kontextuell angemessenen Weise zu begegnen. Es geht bei Anstand, Manieren und Takt also gerade nicht um ein bestimmtes – in der Regel bürgerliches – Verhaltensrepertoire, sondern um eine Einhaltung der kontextspezifischen Standards. Ebenso gelten diese nicht um ihrer selbst willen, sie sind vielmehr Hilfsmittel, um die Missachtung anderer Personen – und sei es aus Nachlässigkeit – zu vermeiden.

Literatur

Bobbert, Monika (2002): Patientenautonomie und Pflege. Begründung und Anwendung eines moralischen Rechts, Frankfurt/New York (Campus).

Bundesministerium für Gesundheit (Hrsg.) (2013): Bericht des Expertenbeirats zur konkreten Ausgestaltung des neuen Pflegebedürftigkeitsbegriffs, Berlin, http://www.bmg.bund.de/fileadmin/dateien/Publikationen/Pflege/Berichte/Bericht_Pflegebegriff_RZ_Ansicht.pdf, Zugriff 2. Januar 2016

Deutsche Bischofskonferenz (Hrsg.) (2003): Solidarität braucht Eigenverantwortung. Orientierungen für ein zukunftsfähiges Gesundheitssystem. Kommission für gesellschaftliche und soziale Fragen, Kommission für caritative Fragen 27, http://www.dbk.de/fileadmin/redaktion/veroeffentlichungen/kommissionen/Ko_27.pdf, Zugriff 2. Januar 2016.

Giese, Constanze (2002): Die Patientenautonomie zwischen Paternalismus und Wirtschaftlichkeit. Das Modell des „Informed Consent" in der Diskussion, Münster (Lit).

Kersting, Wolfgang (2002): Egalitäre Grundversorgung und Rationierungsethik. Überlegungen zu den Problemen und Prinzipien einer gerechten Gesundheitsversorgung, in: Thomas Gutmann, Volker H. Schmidt, (Hrsg.): Rationierung und Allokation im Gesundheitswesen, Weilerswist (Velbrück), S. 41–89.

Schulz, Michael (2007): Compliance und Adherence. Pflegende unterstützen Patientenverhalten, in: PADUA 2/2007, S. 44–49.

Kapitel 7. Das gute pflegerische Handeln

Pflegerisches Handeln ist von zwei Perspektiven geprägt, die mitunter im Widerspruch stehen. Zum einen ist Pflege an der Durchführung fachlich begründeter Handlungen orientiert, zum anderen an der Interaktion und Kommunikation mit den zu Pflegenden und mit den Mitgliedern des therapeutischen Teams. Während es im ersten Fall um ein fachliches – möglichst wissenschaftlich – fundiertes Regel- und Methodenwissen geht, das im Einzelfall zielorientiert eingesetzt wird, bezieht sich der zweite Fall auf eine kommunikative Verständigung, bei der gegenseitiges Verstehen und Aushandlungsprozesse im Zentrum stehen. Dem entsprechen unterschiedliche Logiken. Der Philosoph Jürgen Habermas spricht hier von Arbeit und Interaktion, bzw. von zweckrationalem und kommunikativem Handeln. Dabei ist die Unterscheidung nicht so zu verstehen, dass in komplexen Handlungszusammenhängen nur eine der beiden Orientierungen vorherrscht. Auch Aushandlungsprozesse können – und sollten sogar – ergebnisorientiert sein und in der Durchführung rein fachlicher Verrichtungen sind gegenseitige Abstimmungsprozesse notwendig. Aber es geht um Grundorientierungen, die miteinander konfligieren können.

Pflegen als zweckrationales Handeln

Zweckrational handelt nach der klassischen Definition von Max Weber,

> *„wer sein Handeln nach Zweck, Mitteln und Nebenfolgen orientiert und dabei sowohl die Mittel gegen die Zwecke, wie die Zwecke gegen die Nebenfolgen, wie endlich auch die verschiedenen möglichen Zwecke gegeneinander rational abwägt". (Weber 1980, S. 13)*

Zweckrationales Handeln ist also zielorientiert und auf Effizienz ausgerichtet. Es geht letztlich um eine kalkulierte und regelgeleitete Praxis, die sich insbesondere in Methoden und Technologien zeigt. Diese Form zu denken und zu handeln hat sich in den letzten Jahrhunderten immer weiter durchgesetzt; Weber spricht in diesem Zusammenhang von der Rationalisierung der Lebensführung.

Diese Rationalisierung ist eng verbunden mit einer bestimmten Vorstellung von wissenschaftlicher Erklärung. Diese findet ihre klassische Ausdrucksform im sogenannten H-O-Schema, das auf den Philosophen Carl Gustav Hempel und den Naturwissenschaftler und Philosophen Paul Oppenheim zurückgeht. Seinen Erfolg verdankt das Schema seiner Einfachheit. Nur mithilfe von zwei Variablen sollen sämtliche Sachverhalte wissenschaftlich erklärt werden können: Sind die (Natur-)Gesetze bekannt und stehen die Rahmenbedingungen fest, kann man jegliches Phänomen erklären. Gesetze und Rahmenbedingungen bilden das Explanans (das Erklärende); die Phänomene, also das, was beobachtet wird, sind das Explanandum (das zu Erklärende). Solche Erklärungen beruhen auf strikter Kausalität, wenn das eine gegeben ist, folgt das andere notwendig. Erklärungen und Theorien dieser Art werden meist im Nachhinein getroffen. Hat man das Phänomen beobachtet und kennt die genauen Rahmenbedingungen, lassen sich mithilfe von Experimenten Gesetze ableiten, die zur Verursachung des Phänomens führen. Kennt man die Gesetze und bestehende und zukünftige Rahmenbedingungen, ist man in der Lage, Phänomene vorauszusagen, Prognosen für die Zukunft zu erstellen. Diese Form von (wissenschaftlichem) Wissen lässt sich nutzen, um technologisch in die Umwelt einzugreifen, um sie zu bearbeiten und zu verändern. Wissen dient dann dazu, unter bekannten Gesetzen die Rahmenbedingungen so zu verändern bzw. zu arrangieren, dass gewünschte Zustände (Phänomene) hergestellt werden.

Die physikalisch-technologische Denkweise (und das stellvertretend dafür dargestellte H-O-Schema) hatte besonders im technischen Bereich große Erfolge zu verzeichnen. Sie begleitete die industrielle Revolution und verhalf der Technik zu ihrer heutigen weltweiten Bedeutung. Auch die moderne Medizin basiert letztlich auf dieser Vorstellung, bei der Kenntnis der Abläufe gezielt eingreifen zu können (durch z. B. verschiedene Stoffe oder chirurgische Eingriffe), um gewünschte Ergebnisse zu erzielen. Aber bei der Medizin sind auch die Grenzen dieses Denkens zu sehen. Abläufe und Faktorenbündel sind so komplex, dass allenfalls statistische Aussagen getroffen werden können, die für den Einzelfall keine eindeutige Prognose zulassen. Solche Rahmenbedingungen im Sinne des H-O-Schemas sind vielleicht noch unter Laborbedingungen kontrollierbar, aber im Einzelfall ist eine solche Eindeutigkeit in der Regel nicht gegeben.

Noch komplexer stellt sich dies in der Pflegeforschung dar: Studien geschehen dort in natürlichen Situationen, in unterschiedlichen Settings mit individuellen Patientinnen oder Bewohnern und Pflegenden. Pflegerische Maßnahmen haben immer einen interaktiven und einen kommunikativen Charakter, der sich nur schwer standardisieren lässt. Dies stellt die Interventionsforschung in der Pflegewissenschaft vor erhebliche Herausforderungen, da sich eben keine standardisierten Laborsituationen herstellen lassen. Dadurch sind sogenannte hochwertige Studiendesigns wie randomisierte kontrollierte Studien erschwert und wenn, dann nicht oder nur mit erheblichem personellen und finanziellen Aufwand realisierbar.

Im Vergleich zur Medizin ist die Pflege – nicht zuletzt aus diesen Gründen – durch ein Technologiedefizit (wir kommen darauf in Kapitel 10 zurück) gekennzeichnet. Allerdings gibt es seit den letzten Jahrzehnten verstärkt Bestrebungen, durch forschungsbasierte Standards die Pflege auf ein wissenschaftliches Fundament zu gründen, um Pflege besser planen und evaluieren zu können.

Beispiele für Standardisierungen innerhalb der professionellen Pflege finden sich immer häufiger: So werden zur Einschätzung von Pflegeproblemen inzwischen vielfach *Pflegediagnosen* genutzt, die zumeist aus Klassifikationssystemen des angloamerikanischen Raumes abgeleitet wurden. Sie bilden die Grundlagen für das zu erreichende Pflegeziel und das daran ausgerichtete weitere pflegerische Handeln. Auch hier gibt es festgelegte Ziel- und Interventionskataloge, die den Pflegediagnosen zugeordnet und damit standardisiert angewendet werden können. Ziel ist eine festgelegte Fachsprache sowie Transparenz und Vergleichbarkeit von Pflegehandlungen und damit die Möglichkeit, diese zu evaluieren. Bei der Einschätzung von Pflegeproblemen bzw. der Pflegediagnostik werden häufig Assessment-Instrumente angewendet. Auch sie ordnen und gewichten auf wissenschaftlicher Basis die Kriterien, die zu der Bestimmung eines Problems herangezogen werden können. Alle Klassifikationen und Assessment-Instrumente werden aber durchaus auch kritisch diskutiert, wenn sie nicht ausreichend theoretisch-inhaltlich fundiert und auf ihre Qualität hin geprüft sind. Kritisiert wird außerdem deren Anwendung als Selbstzweck. Sie sollen vielmehr als Hilfsmittel genutzt werden und Entscheidungen unterstützen, aber nicht Fachkenntnisse und Reflexion ersetzen.

Standardisierungen finden sich ebenfalls bei der Entwicklung von Qualitätsstandards wie Leitlinien, nationalen Experten- oder davon abgeleiteten einrichtungsbezogenen Praxisstandards. Alle Instrumente sollen für ein hohes Qualitätsniveau sorgen. Nationale *Expertenstandards* z.B. gelten in der Pflege als professionell abgestimmtes Leistungsniveau. Sie zeigen Qualitätskriterien für pflegerische Problemlagen auf, die besonders häufig vorkommen.

Es sollen also auf wissenschaftlicher Basis Empfehlungen für die Praxis gegeben werden. Die Standardebenen folgen dem Pflegeprozess: Die Einschätzungsebene mit der Suche nach geeigneten Assessment-Instrumenten, die Kooperationsebene, in der Empfehlungen für die interprofessionelle Zusammenarbeit und auch übergreifende Kooperationen zwischen den verschiedenen Settings und Sektoren entwickelt werden, die Beratungsebene, die nach geeigneten Formen der Information, Anleitung und Beratung sucht, die Interventionsebene, die nach geeigneten Maßnahmen fragt, sowie die Evaluationsebene, die sich mit Möglichkeiten einer systematischen Bewertung beschäftigt.

Expertenstandards sind als wissenschaftlich fundierter Rahmen zu verstehen und bieten Handlungsspielräume. Verrichtungsorientierte Standards eignen sich nicht für professionelles Handeln, sondern sind nur sehr begrenzt sinnvoll, z.B. wenn es um die Vermeidung der Ausbreitung von Infektionen wie MRSA oder Ebola geht und ein striktes Einhalten von Abläufen und Hygienestandards erforderlich ist. Insgesamt wird in der Qualitätsdebatte und den entsprechenden Auditverfahren vor allem die Ergebnisqualität fokussiert und zu wenig die Prozessqualität, die die Erlebens- und Beziehungsdimension in den Fokus rückt.

Alle standardisierten Verfahren sind von einer grundlegenden Ambivalenz geprägt. Zum einen werden durch sie Standards definiert, die wissenschaftlich fundiert sind und die den jeweiligen State of the Art repräsentieren, also das jeweils derzeit angemessene Niveau professionellen Handelns. Auf der anderen Seite bergen diese Verfahren – mehr oder weniger – die Gefahr, dem Einzelfall gegenüber blind zu werden. Deshalb ist bei den Professionellen eine theoretisch und praktisch bewährte Urteilskraft nötig, die den Einzelfall dahingegen würdigen kann, dass begründet von standardisierten Verfahren abgewichen werden kann, wenn Person und Situation das erfordern.

Mit – zudem wissenschaftlich fundiertem – Wissen wird Professionellen eine Expertenrolle zugeschrieben. Auch diese ist ambivalent. Auf der einen Seite wird Expertinnen eine hohe Problemlösungskompetenz unterstellt, auf der anderen entsteht so eine Abhängigkeit vom Expertenwissen. Das ist schon im Alltag offensichtlich: Wer selbst über keine oder wenige technische Kenntnisse verfügt, ist den Mechanikerinnen mehr oder weniger hilflos ausgeliefert, die eine Waschmaschine oder ein Auto reparieren sollen. Wenn dies schon bei Gegenständen des Alltags zu Schwierigkeiten führen kann, wird umso deutlicher, wie sich diese Expertinnenmacht auswirken kann, wenn es um existenzielle Fragestellungen geht.

Pflegen als kommunikatives Handeln

Pflege vollzieht sich als körpernahe Interaktion. Für Interaktionen gilt, was Weber als Kennzeichen sozialen Handelns definiert: Es ist ein Handeln, „welches seinem von dem oder der Handelnden gemeinten Sinn nach auf das Verhalten anderer bezogen wird und daran in seinem Ablauf orientiert ist." (Weber 1980, S. 1) Und da alle an einer Interaktion beteiligten Personen sich jeweils auch am Verhalten der anderen orientieren, entsteht eine komplexe Situation. Dies ist im Alltag meist unproblematisch, da die Beteiligten über gemeinsame Wissensmuster und Deutungsvorräte verfügen, die eine Verständigung ermöglichen. In der Soziologie spricht man hier von einer gemeinsam geteilten Lebenswelt. Zu Konflikten kann es kommen, wenn entweder Teile der gemeinsamen Lebenswelt ihre fraglose Gültigkeit verlieren oder wenn die Beteiligten keine gemeinsame Lebenswelt teilen. Das kann z. B. der Fall sein, wenn diese verschiedenen Kulturen entstammen oder unterschiedlichen Generationen angehören.

In Krankenhäusern und Einrichtungen sind die Beschäftigten mit ihrer Umwelt vertraut: Sie kennen das Gebäude, wissen, wo was zu finden ist, sie haben einen Überblick über die organisatorische Struktur, wissen daher, wer für was zuständig ist – und sie kennen die Organisationskultur, also die Art und Weise, wie miteinander (und auch übereinander) kommuniziert wird, wer vertrauenswürdig ist und so weiter. Die Patientinnen und Bewohner verfügen über dieses Wissen in der Regel nicht. In gewisser Weise ist die Einrichtung für sie eine „fremde Welt".

Entsprechend schwierig kann es sich deshalb gestalten, wenn die Verstehenshorizonte der Pflegenden und die der Patienten oder Bewohnerinnen nicht übereinstimmen. Dies lässt sich gut am Beispiel der Weigerung, Nahrung zu sich zu nehmen, verdeutlichen. Auf der einen Seite sieht sich die Pflegende in der Verantwortung gegenüber dem Patienten. Diese kann sich darin äußern, ihm genügend Nahrung und Flüssigkeit zukommen zu lassen. Denn dies ist die Voraussetzung für einen eventuellen Erfolg der rehabilitativen Bemühungen, aber auch für das körperliche und psychische Wohlbefinden. Auf der anderen Seite steht der Wille des Betroffenen, der sich den Maßnahmen entzieht, indem er kein Essen und zu wenig Flüssigkeit zu sich nimmt. Die Gründe hierfür können vielfältig sein. Sie hängen aber – wenn keine organischen oder physiologischen Probleme bestehen – von der Deutung der Situation durch die Betroffenen ab. Die Situation wird vielfach dadurch erschwert, dass nicht genau feststellbar ist, was dem Willen der zu Pflegenden entspricht. Dies gilt insbesondere bei desorientierten Menschen. Die Lösung einer solchen Situation setzt voraus, dass die an der Interaktion beteiligten eine gemeinsame Situationsdeutung entwickeln. Diese kann – oder sollte – in der Regel (auf Ausnahmen kommen wir weiter unten noch zu sprechen) nicht darin bestehen, dass die professionelle Sicht mit mehr oder weniger Druck durchgesetzt wird.

An diesem Beispiel wird deutlich, dass ethische Probleme pflegerischen Handelns häufig mit dem Konflikt zwischen Fürsorge und Autonomie verknüpft sind. Fürsorge soll hier als eine Orientierung verstanden werden, die sich am Wohl der anderen Person orientiert. Das fachliche Wissen der Pflegenden führt mitunter dazu, dass diese besser als die zu Pflegenden wissen, was zumindest bezogen auf ihr körperliches Wohlbefinden sinnvoll ist. Dass dies eine vertrackte Situation ist, liegt auf der Hand. Wer will sich schon von einem anderen sagen lassen, was für sie oder ihn gut ist? Allerdings können Patientinnen und Bewohner ein vollkommen anderes Verständnis davon haben, was für sie gut ist. Die Aufrechterhaltung von Lebensgewohnheiten kann dann wichtiger sein als eine gesundheitsförderliche Änderung dieser Gewohnheiten. Oder ein schmerzfreies Leben wichtiger als ein längeres. Oder allgemeiner formuliert: Auf der einen Seite sieht die Pflegende sich den subjektiven Bestimmungen der Patientinnen verpflichtet, die für sich entscheiden, was gut und förderlich für sie ist, auf der anderen Seite ist z. B. mit dem rehabilitativen Ansatz impliziert, dass bestimmte Wünsche der Patientinnen schlicht vorausgesetzt werden, nämlich die Wünsche nach Unabhängigkeit, nach Eigenständigkeit in der Bewältigung der Aktivitäten des täglichen Lebens und nach Gesundheit. Dies trifft aber nicht in allen Fällen zu. Die Frage ist, wo bei bestimmten Maßnahmen (z. B. eigenständige Körperpflege, Mobilitätstraining) die Grenze zwischen Motivierung und mehr oder minder ausgeprägtem Druck zu ziehen ist.

Paternalistische Interventionen

Um sich der Frage nach Durchsetzung eigener Vorstellungen gegenüber Zu-Pflegenden zu nähern, ist es sinnvoll, den Fürsorgebegriff noch etwas präziser zu fassen. Der Philosoph Martin Heidegger unterscheidet in etwas altertümlich anmutender Sprache zwischen einspringender und vorausspringender Fürsorge. Einspringende Fürsorge ist durchaus wörtlich zu verstehen. Bei ihr nimmt die sorgende Person gewissermaßen die Stelle der Person ein, für die sie sorgt. Sie nimmt ihr Dinge ab, die diese nicht, nicht mehr oder noch nicht selbst „besorgen" kann. Diese Art der Fürsorge reicht vom Wickeln eines Babys bis zum Essenreichen für Kranke. Sie reagiert – im Sinne Orems – auf ein Selbstpflegedefizit, indem das pflegerische Handeln das der Betroffenen substituiert. Offensichtlich ist einspringende Fürsorge unter bestimmten Umständen notwendig. Offensichtlich ist aber auch, dass die Person, für die so gesorgt wird, zurückgesetzt wird. Sie bestimmt in Teilen nicht mehr über ihre eigenen Angelegenheiten. Vorausspringende Fürsorge hingegen richtet sich nicht auf die Dinge, die „besorgt" werden müssen, sondern auf die Person selbst. Sie hilft ihr, ihre eigenen Angelegenheiten selbst wahrzunehmen. Es geht bei ihr darum, die Person zu bemächtigen, für sich selbst zu sorgen. Im Alltag, auch im Alltag der Pflege, wird man diesen beiden Arten der Fürsorge kaum in Reinkultur begegnen. In der Regel wird es um Mischformen gehen, bei denen die sorgende Person abschätzen können muss, wie viel einspringende Fürsorge die andere bedarf und wie viel vorausspringende Fürsorge ihr zugetraut werden kann. Die Risiken beider Arten der Fürsorge liegen auf der Hand: einspringende Fürsorge kann bis zur Entmündigung führen, die entsprechende Person verliert die Kompetenzen, die sie zur eigenständigen Lebensführung braucht; vorausspringende Fürsorge kann die entsprechende Person überfordern bis hin zum Scheitern der eigenen Lebensführung.

Paternalistisches Handeln nennt man eines zugunsten eines Menschen, für den eine gewisse Verantwortung besteht, ohne oder gegen dessen (ausdrücklichen) Willen. Stark paternalistisch verfährt, wer mit Zwangsmitteln oder aufgrund einer starken Machtposition seinen Willen gegen Widerstreben durchsetzt; schwach paternalistisch verfährt, wer durch Überredung, pädagogische Mittel oder Anreize die andere Person dahingehend beeinflusst, einer Intervention zuzustimmen, die diese zuvor abgelehnt hat. In der Pflege kommen beide Formen vor. Diese reichen von freiheitseinschränkenden Maßnahmen (z. B. Fixierung) bis zu pädagogisierenden Formen der Beratung. Auf jeden Fall bedarf paternalistisches Handeln einer ethischen Rechtfertigung.

Es lassen sich vier Kriterien benennen, die gegeben sein müssen, um eine paternalistische Intervention als *Ausnahmefall* rechtfertigen zu können. Paternalistische Interventionen sind also zunächst nicht legitim und nur dann zu rechtfertigen, wenn starke Gründe vorliegen. Wir erläutern das am Beispiel der Fixierung. Das erste Kriterium, der *legitime Grund,* fragt nach dem Anlass für die Intervention. Zu solchen Gründen gehören insbesondere die nicht nur geringfügige Bedrohung oder Missachtung der legitimen Interessen, Güter oder des Wohles Dritter. Wichtig ist es zu bestimmen, was „nicht geringfügig" heißt. So kann etwa die nächtliche Unruhe eines Bewohners kein Grund sein, so lange andere Personen dadurch nicht gefährdet werden. Eine Störung allein reicht als Begründung massiver Maßnahmen nicht aus. Schwieriger ist die Abwägung bei selbstgefährdenden Handlungen. Grundsätzlich besteht kein Recht, bei solchen präventiv einzugreifen. Fixierung ist kein Mittel der Sturzprävention. Ausnahmen können dann gegeben sein, wenn Betroffene zum entsprechenden Zeitpunkt nicht in der Lage sind, die Gefährlichkeit ihres Handelns einzuschätzen (etwa ein Patient auf einer Intensivstation seine Schläuche zieht). Kontrovers diskutiert wird, wie mit Personen umgegangen werden soll, die – etwa aufgrund dementieller Erkrankungen – prinzipiell nicht mehr in der Lage sind, eine solche Einschätzung vorzunehmen.

Das zweite Kriterium, die *rechte Intention,* bezieht sich auf das Ziel der Intervention. Kann solch ein Ziel formuliert werden und hat es auch eine angemessene Reichweite? Und kann bei Erreichen des Ziels die Intervention auch wieder beendet werden? Auch hier gilt grundsätzlich, dass paternalistische Interventionen nicht auf Dauer gestellt werden dürfen. Bekanntlich bedürfen Fixierungen über einen längeren Zeitraum eine richterliche Anordnung. Zudem muss dieses Ziel geeignet sein, den Grund (Kriterium eins) der Intervention zu beheben. Die Intervention muss in diesem Sinn also effektiv sein. Bei der Fixierung gilt aber zusätzlich, dass mitbedacht und geplant werden muss, wie in Zukunft ohne Fixierung vorgegangen werden kann.

Bei beiden Kriterien ist es wichtig darauf zu achten, dass sie darauf zielen, Schaden zu verhindern. Dieses *Schadensprinzip* wurde vom englischen Philosophen John Stuart Mill entwickelt. Ihm zufolge ist die einzig legitime Absicht, in die Handlungsfreiheit eines anderen Menschen einzugreifen, die, Schaden zu verhüten. Nicht zu rechtfertigen ist ein Eingriff zum Wohle eines anderen:

> *„Er kann nicht rechtmäßig gezwungen werden, etwas zu tun oder zu unterlassen, weil es für ihn besser wäre, so zu handeln, weil es ihn glücklicher machen würde, weil so zu handeln nach der Meinung anderer klug oder sogar richtig wäre." (Mill 1969, S. 16)*

Dies folgt aus dem Prinzip, dass jeder seine Lebenspläne (Mill nennt sie Lebensexperimente) selbst bestimmen und verantworten muss und diese Freiheit nur zum Schutz anderer eingeschränkt werden darf.

Das dritte Kriterium, die *vorhandene Kompetenz,* zielt auf die Kompetenz der handelnden Person im doppelten Sinn: Ist die entsprechende Person sowohl befugt als auch befähigt, entsprechend zu handeln? Einfacher gesagt: Darf sie das und kann sie das? Die Befähigung bezieht sich auch auf den Umgang mit den möglichen (Neben-)Folgen der Intervention. Dies dient auch dem Schutz der Handelnden. Niemand darf über sein Können hinaus verpflichtet werden. Ebenso kann aber auch erwartet werden, dass er die Reichweite und Grenze der eigenen Kompetenzen richtig einschätzen kann.

Das letzte Kriterium, die *Verhältnismäßigkeit der Mittel,* zielt auf eine möglichst wenig invasive Form der Intervention. Allerdings sind Maßnahmen, die wenig oder nichts bewirken, ebenso fragwürdig wie solche, die über das Ziel hinausschießen. Positiv gewendet bedeutet dieser Grundsatz, dass von den möglichen und effektiven immer die schonendste Intervention und Methode den Vorrang vor anderen verdient. Im Blick auf Fixierungen heißt dies, dass der Maßnahme der Vorrang eingeräumt werden soll, die mit weniger weiteren Einschränkungen und Nebenfolgen verbunden ist.

Verantwortung

Die besten Gründe und Absichten, die noch so begründeten Ziele und die angemessensten Maßnahmen sichern noch nicht das Gelingen. Die Möglichkeit des Misslingens verweist auf einen zentralen ethischen Begriff, der auch in der Ethik der Pflege immer wieder stark gemacht wird, den Begriff der Verantwortung. Es werden mit ihm vor allem zwei unterschiedliche Konstellationen angesprochen: die klassische Schadensverantwortung und die Aufgaben- oder Bereichsverantwortung. Während im ersten Fall rückblickend nach der Schuldigen gefragt wird, geht es im zweiten Fall um die Person, die dafür zuständig ist, dass in ihrem Bereich kein Schaden entsteht (unabhängig von der Frage, wer diesen gegebenenfalls verursacht).

Grundsätzlich handelt es sich bei Verantwortung um ein mehrstelliges Verhältnis zwischen einem Subjekt (wer?) und einem Objekt der Verantwortung (wofür?), einem Adressaten (gegenüber wem?) und einer Instanz (vor wem oder was?) sowie einem System von Bewertungsmaßstäben (in Bezug auf?), welches eine Bewertung der Handlung ermöglicht. Verantwortung ist nur kommunikativ und sozial zu verstehen, sie ist Produkt einer sozialen Konstruktion: Das Subjekt ist nicht immer und unter allen Umständen selbst verantwortlich; Verantwortung ist keine Gegebenheit, sondern eine Zuschreibung: verantwortlich wird man gemacht.

Der Konstruktcharakter der Verantwortung wird deutlich an den Voraussetzungen und Unterstellungen, die mit ihr gegeben sind. Da ist zunächst die Kausalitätsunterstellung, also die klar definierte Beziehung zwischen Ursache und Wirkung. Dieses Prinzip ist in der Pflege auch aus dem Haftungsrecht bekannt. Es muss gezeigt werden können, dass ein bestimmtes Handeln (oder Unterlassen) ursächlich für einen entstandenen Schaden war. Schwierig wird dies vor allem deshalb, weil es in der Praxis zumeist um komplexe Zusammenhänge geht, an der viele Personen beteiligt sind und die sich zeitlich über größere Räume erstrecken können. Neben der Kausalität spielt die Frage der Absicht eine große Rolle. Zugerechnet werden in der Regel nur absichtsvolle Handlungen (und Unterlassungen) und solche, über deren Folgen man sich eigentlich im Klaren hätte sein müssen (rechtlich spricht man hier von Fahrlässigkeit). Schließlich setzt die Zuschreibung von Verantwortung voraus, dass die Betreffende auch anders hätte handeln können. Es müssen Alternativen vorgelegen haben. Strittig ist hier, wann eine Handlung als alternativlos betrachtet werden kann. Ist das schon dann der Fall, wenn diese von einer dazu befugten Person angeordnet wurde, auch wenn klar war, dass diese zu fatalen Konsequenzen führt? In diesem Fall so sicher nicht. Allerdings ist es schon die Frage, welches Maß an Zivilcourage erwartet werden kann – und unter Umständen auch erwartet werden muss.

Die *Aufgaben- oder Bereichsverantwortung* zielt nicht auf vergangene, sondern auf zukünftige Ereignisse. Bestimmte Personen sind für einen bestimmten Bereich oder eine bestimmte Aufgabe verantwortlich. Ihnen wird das Ergebnis des Handelns unabhängig davon zugerechnet, ob sie dieses selbst herbeigeführt haben oder nicht. In diesem Sinn sind diese Personen dafür verantwortlich, dass ein Schaden gar nicht erst entsteht. Typischerweise wird diese Verantwortungszuschreibung arbeitsteilig und hierarchisch strukturiert. Diese hierarchische Struktur ist verbunden mit der Zuschreibung bestimmter Kompetenzen, insbesondere hinsichtlich des Einsatzes von Mitteln und Personal. Aus ethischer Sicht problematisch ist hier, dass diese Art der Verantwortung einen rein funktionalen Charakter hat. Verantwortung bestimmt sich allein aus den Organisationszielen (etwa der Wirtschaftlichkeit). Außerdem tendieren Verantwortungsbereiche dazu, anderen Bereichen gegenüber indifferent zu werden: „Das ist nicht unser, sondern deren Problem!" und schließlich kann der Blick auf den größeren Zusammenhang verloren gehen.

Literatur

Bartholomeyczik, Sabine (2007): Einige kritische Anmerkungen zu standardisierten Assessmentinstrumenten in der Pflege, in: Pflege 20/2007, S. 211–217.

Friesacher, Heiner (2009): Ethik und Ökonomie. Zur kritisch-normativen Grundlegung des Pflegemanagements und der Qualitätsentwicklung, in: Pflege & Gesellschaft 14/2009, S. 5–23.

Habermas, Jürgen (1980): Theorie des kommunikativen Handelns (2 Bände), Frankfurt (Suhrkamp).

Heidegger, Martin (2001): Sein und Zeit, 15. Auflage Tübingen (Max Niemeyer).

Mill, John Stuart (1969): Über Freiheit, Frankfurt (Europäische Verlagsanstalt).

Remmers, Hartmut (2000): Pflegerisches Handeln. Wissenschafts- und Ethikdiskurse zur Konturierung der Pflegewissenschaft, Bern (Huber).

Weber, Max (1980): Wirtschaft und Gesellschaft. Grundriss der verstehenden Soziologie, 5. revidierte Auflage, Tübingen (Mohr).

Kapitel 8. Das gute Team

Pflege war zwar nicht schon immer ein Frauenberuf (wir haben dies in Kapitel 5 ausführlicher dargestellt), aber seit dem 19. Jahrhundert ist sie zu einem solchen geworden und bis heute geblieben. Laut Statistischem Bundesamt lag der Frauenanteil im Jahr 2013 in der Krankenpflege über 80 Prozent, in der Altenpflege bei knapp 90 Prozent. Dies lässt sich als Ausdruck einer hierarchischen geschlechterspezifischen Arbeitsteilung verstehen, die sich in den institutionellen Strukturen (geringer Anteil von Frauen in Führungspositionen), Interaktions- und Motivationsstrukturen zeigt. Diese verbinden sich mit sozialen Hierarchien und führen zu typischen Formen der Benachteiligung. Dies wurzelt in Geschlechtszuschreibungen und -konstruktionen, die gesellschaftlich vermittelt schon die geschlechtsspezifische Sozialisation prägen.

Multiprofessionelle Teams und das Verhältnis zum ärztlichen Personal

Besondere Brisanz besitzt deswegen das Verhältnis der Pflege zum immer noch als dominant männlich wahrgenommenen Arztberuf, insbesondere in den Krankenhäusern. Allerdings scheinen sich hier Veränderungen anzudeuten. Das früher durch Dominanz geprägte Verhältnis erhält zunehmend den Zuschnitt des Nebeneinander-her-Arbeitens. Das Verhältnis wird kollegialer, ohne dass deswegen die bestehenden hierarchischen Machtverhältnisse grundlegend angetastet werden. Dies lässt sich auch so interpretieren, dass sich insbesondere in den Krankenhäusern eine Orientierungsteilung zwischen ärztlichem und pflegerischem Personal entwickelt hat. Während auf der einen Seite die Tätigkeit auf Diagnose und Therapie konzentriert ist, werden die sozialen Beziehungen an die Pflegekräfte abgegeben. Auf der Grundlage der Professionstheorie Ulrich Oevermanns (auf die wir in Kapitel 10 näher eingehen) lässt sich das so formulieren, dass bei den Ärzten die spezifischen und bei den Pflegenden die diffusen Rollenanteile dominieren.

Teams, insbesondere in Krankenhäusern, setzen sich mittlerweile multiprofessionell zusammen. Die Aufgabe besteht also wesentlich darin, die Perspektiven der einzelnen Berufsgruppen nicht nebeneinander bestehen zu lassen, sondern eine gemeinsame Sicht auf einzelne Patientinnen zu erreichen. In der Literatur zum Thema Teamentwicklung wird hier immer wieder betont, dass der Kommunikation dabei eine Schlüsselstellung zukommt. Dies gilt insbesondere dann, wenn – wie z. B. auf Intensivstationen – unter Druck in kurzer Zeit gemeinsam Entscheidungen getroffen und umgesetzt werden müssen.

Allerdings bleiben hierarchische Strukturen, die sich mit geschlechterspezifischen Machtmustern kreuzen, weiterhin eine Quelle von Konflikten. Als – auch ethisches – Problem kann sich hier die Personalisierung struktrell bedingter Konflikte erweisen. Damit ist gemeint, dass Konflikte, die sich aus unterschiedlichen fachlichen, hierarchischen und genderbedingten Perspektiven und Strukturen speisen, Personen zugerechnet werden. Einzelne Personen und ihr Verhalten fungieren gewissermaßen als Symptomträgerinnen. So ärgerlich missachtendes oder herablassendes Verhalten im Einzelfall auch sein mag – und sicherlich nicht einfach ertragen werden sollte –, ändert die Personalisierung der Konflikte nichts an den Strukturen, die sie letztlich hervorbringen. Solange nicht eine Kultur der wechselseitigen Anerkennung etabliert ist, bleiben Konflikte an den strukturellen Bruchlinien weiter wahrscheinlich.

Zwischen Loyalität und Komplizenschaft

Eine lange Zusammenarbeit in einem Team führt – nicht immer und nicht zwangsläufig – zu einer besonderen Verbundenheit der Teammitglieder. Diese ist – auch wieder mehr oder weniger stark – mit einem Wir-Bewusstsein verbunden, das sich auch in der Abgrenzung zu anderen Teams oder Gruppen äußern kann. Aus der sozialpsychologischen Theorie des realistischen Gruppenkonflikts, die in den 1960er Jahren in den Vereinigten Staaten entwickelt wurde, ist bekannt, dass bei beliebiger Gruppenbildung Solidarisierungseffekte zu beobachten sind, die zur Bevorzugung der Gruppenmitglieder führen. Die Attributionsforschung (wir waren darauf bereits in Kapitel 6 eingegangen) hat darauf aufmerksam gemacht, dass bestimmte – negative oder positive – Eigenschaften je nach Gruppenzugehörigkeit anders zugeschrieben werden: Jede negative Wahrnehmung bestätigt das Bild, während Ausnahmen davon marginalisiert werden. Umgekehrt bestätigt jede positive Erfahrung das Selbstbild einer Gruppe, während negative Erfahrungen eher den Umständen zugewiesen werden. So lange die Gruppenzugehörigkeit nur vorübergehend oder zufällig ist, ergeben sich aus der Gruppensolidarität noch keine Probleme. Diese sind jedoch dann zu erwarten, wenn Gruppenzugehörigkeiten auf Dauer gestellt werden, vor allem, wenn diese nicht nach willkürlichen, sondern nach identitätskonstitutiven Kriterien gebildet sind (wie es bei Berufsgruppen der Fall sein kann).

Die Gruppenbindung drückt sich nach innen in der Erwartung von Loyalität aus: Gruppenmitglieder sind zu schützen, wenn sie von außen in irgendeiner Weise angegriffen werden, die Gruppe ist angemessen nach außen zu repräsentieren. Problematisch wird die Loyalitätserwartung allerdings dann, wenn es entweder darum geht, Fehlverhalten intern zu decken oder sich an aggressiven Handlungen nach außen (z. B. bei Mobbing) zu beteiligen. In anderen Worten: Es ist ein schmaler Grat zwischen Loyalität und Kumpanei. Whistleblower, also Personen, die solches Fehlverhalten publik machen, sind auch deswegen nicht gut gelitten, weil sie die Gruppensolidarität unterlaufen. Nun scheint nicht viel dagegenzusprechen, bei Bagatellfällen „Fünfe gerade sein zu lassen“ und über manches hinwegzusehen. Sobald es jedoch zu Schäden bei Dritten kommt, wird aus Loyalität schnell die Beteiligung an moralisch oder sogar rechtlich falschen Handlungen.

Eine besondere Dynamik entfalten solche Konstellationen dann, wenn mehrere Hierarchieebenen einbezogen sind. Die Solidarisierung gegen „die da oben“ ist vergleichsweise leicht herbeizuführen. Organisationale Macht kann so ungleich verteilt sein, dass für die ihr Unterworfenen subversive Strategien sinnvoll erscheinen. Insbesondere wenn – etwa bei Klinikbetreibern – öffentlicher Schein vor den legitimen Interessen der Beschäftigten rangiert, bleiben oft nur unkonventionelle Handlungsweisen, um trotz der Abhängigkeit vom Arbeitgeber handlungsfähig zu bleiben. Die rechtlichen Regulierungen, die für bestimmte Fälle Leistungen vorsehen oder sie vorenthalten, werden aus der Perspektive der Betroffenen häufig – und nicht einmal zu Unrecht – als widersinnig erlebt. Und manchmal verhelfen kreative und unkonventionelle Ideen Personen zu Möglichkeiten, die ihnen sonst verwehrt geblieben wären. Das ist im Gesundheitswesen nichts Neues. Allerdings bleiben entsprechende Praktiken ambivalent: So legitim der Widerstand gegen repressive Macht ist, so leicht verliert man sich in einer moralisch getönten Robin-Hood-Attitüde.

Mitglieder in Organisationen sehen sich einer Reihe unterschiedlicher Loyalitätserwartungen ausgesetzt. Das eigene Team, die eigene Berufsgruppe, die eigene Abteilung, auch die Organisation als Ganze erwartet in unterschiedlicher Weise Loyalität. Die Loyalitätserwartung ist jedoch nur dann und so lange legitim, als Kritik an der jeweiligen Gruppe möglich ist und auch gehört wird. Kritiklose Loyalität ist im Grunde nichts anderes als blinde Folgsamkeit. Das lässt sich als ein Kriterium formulieren: Wo Kritik nicht möglich ist, ist die Loyalitätserwartung illegitim. Und umgekehrt lässt sich formulieren: Je offener mit Kritik umgegangen wird, umso legitimer ist diese Erwartung. Dies gilt unseres Erachtens auf jeder Beziehungs- und Organisationsebene. Wo Fehlverhalten nicht angesprochen werden kann, ohne dass sofort sanktioniert wird, entstehen fast zwangsläufig widerständige Praktiken, die die jeweiligen Erwartungen auf die eine oder andere Art und Weise unterlaufen.

Umgang mit Erwartungen

Wechselseitige Erwartungen spielen in sozialen Beziehungen eine zentrale Rolle. Diese Erwartungen sind jeweils reflexiv aufeinander bezogen. Ich erwarte, dass der oder die andere Erwartungen auch an mich richtet und orientiere mich selbst an meinen Erwartungen der Erwartungen anderer (Erwartungserwartung). Das klingt zwar kompliziert, funktioniert im Alltag jedoch wie von selbst. Erwartungen haben die Eigenschaft, dass sie zutreffen können oder nicht. Für soziale Beziehungen ist die Frage, wie mit der Enttäuschung von Erwartungen umgegangen wird, von nicht zu unterschätzender Bedeutung. Ich kann bei Enttäuschung an meiner Erwartung festhalten, dann pflege ich – in den Worten Luhmanns – einen normativen Erwartungsstil, oder ich kann meine Erwartungen verändern, dann pflege ich einen lernenden Erwartungsstil. Problematisch wird es für soziale Beziehungen, wenn für sich ein normativer Stil reklamiert und gleichzeitig erwartet wird, dass der oder die Andere (oder Gruppe) darauf lernend reagiert. Es könnte geradezu als ein zentrales Kriterium von Macht formuliert werden, dass sie in der Möglichkeit besteht, den eigenen normativen Erwartungsstil gegenüber dem Widerstreben anderer durchzusetzen. Zumindest wird deutlich, dass mit Erwartungen auch Machtfragen verbunden sein können.

Das zeigt sich in der Pflege dort, wo Akteurinnen Erwartungen unterschiedlicher Bezugsgruppen oder -personen ausgesetzt sind. Häufig ist hier von der Sandwich-Position die Rede, die Pflegende innehaben. Auf der einen Seite richten die Patientinnen ihre Ansprüche an sie, auf der anderen Seite die Organisation, lange repräsentiert durch Medizin, Verwaltung und Pflegedienstleitung, heute meist durch die Geschäftsführung. Das Problem besteht nicht schon darin, dass von unterschiedlicher Seite Erwartungen formuliert werden, es besteht darin, dass diese miteinander im Widerspruch stehen können. Und es ist nun auch nicht so, dass die Erwartungen der einen Seite immer legitim, die der anderen immer illegitim sind. Selbst wenn Pflegende sich als Anwältinnen ihrer Patienten verstehen: Zur Aufgabe einer Anwältin gehört auch, dem Mandaten gegebenenfalls deutlich zu machen, dass manche seiner Erwartungen unrealistisch sind.

Macht die Pflege sich die Erwartungen beider Seiten zu eigen, kann sie daran nur scheitern. Die Studien Karin Kerstings zum „Coolout" in der Pflege, also zur moralischen und psychischen Desensibilisierung, haben deutlich gemacht, dass zwar unterschiedliche Reaktionsmuster unterschiedlich erfolgreich helfen können, den entsprechenden Spagat zwischen Anspruch und Wirklichkeit zu bestehen, gleichwohl lässt sich das zentrale Organisations- und Machtproblem nicht mit individuellen Verhaltensmustern lösen.

Literatur

Arnold, Doris (2008): Aber ich muss ja meine Arbeit schaffen! Ein ethnografischer Blick auf den Alltag im Frauenberuf Pflege, Frankfurt (Mabuse).

Backes, Gertrud M.; Amrhein, Ludwig; Wolfinger, Martina (2008): Gender in der Pflege. Herausforderungen für die Politik, Bonn (Friedrich-Ebert-Stiftung), http://library.fes.de/pdf-files/wiso/05587.pdf, Zugriff 2.1.2016.

Haynert, Harald; Solomon, Fred (2009): Kommunikation im Team als Voraussetzung gemeinsamer getragener Entscheidungen, in: Fred Salomon (Hrsg.) – Praxisbuch Ethik in der Intensivmedizin, Berlin (Medizinisch Wissenschaftliche Verlagsgesellschaft) 2009, S. 171–180

Kersting, Karin (2013): „Coolout" in der Pflege. Eine Studie zur moralischen Desensibilisierung, 2. Auflage Frankfurt (Mabuse).

Luhmann, Niklas (1984): Soziale Systeme. Grundriß einer allgemeinen Theorie, Frankfurt (Suhrkamp).

Streckeisen, Ursula (2008): Legitime und illegitime Schmerzen. Ärztliche und pflegerische Strategien im Umgang mit invasiven Maßnahmen bei Sterbenden, in: Irmhild Saake, Werner Vogd (Hrsg.): Moderne Mythen der Medizin. Studien zur organisierten Krankenbehandlung. Wiesbaden (VS), S. 191–213.

Van Dick, Rolf; West, Michael A. (2013): Teamwork, Teamdiagnose, Teamentwicklung, 2. überarbeitete und erweiterte Auflage, Göttingen (Hogrefe).

Weber, Joachim (2013): Grenzen der Moral. Gedanken zur sozialpädagogischen Intervention im Anschluss an Machiavelli, in: Neue Praxis 43/2013, S. 19–37.

Kapitel 9. Die gute Einrichtung

Professionelle Pflege in modernen Gesellschaften ist dadurch charakterisiert, dass sie organisiert ist. Sie vollzieht sich zum großen Teil in Einrichtungen wie Krankenhäusern oder Pflegeheimen. Ambulante Pflege wird von Dienstleistungsunternehmen angeboten. Der religiöse, caritative oder auf Selbsthilfe aufgebaute Charakter dieser Organisationen kann nicht darüber hinwegtäuschen, dass diese Organisationen eben Organisationen sind, die bestimmten Gesetzmäßigkeiten unterliegen. Was dabei als Erstes ins Auge fällt, sind die Gebäude, die als Krankenhäuser oder Pflegeheime für die organisierte Pflege stehen.

Räumliche und zeitliche Kontrolle und Macht

In seinem Buch „Überwachen und Strafen" untersucht der französische Philosoph Michel Foucault die Entstehung der modernen Disziplinartechniken seit dem 18. Jahrhundert. Viele davon beziehen sich auf die Organisation von Räumen und Zeiten – und finden sich auch gegenwärtig noch in der Organisation von Einrichtungen wieder. Umfangreiche Kontrolle erfordert zunächst eine durchdachte Verteilung der Individuen im Raum. Das erste Mittel hierfür ist nach Foucault die *Klausur,* die bauliche Abschließung eines Ortes von anderen Orten. Dies ist die Idee, z. B. für die Pflege und Behandlung von Kranken Hospitäler zu schaffen, die nur für diese Funktion da sind – und nicht mehr, wie noch im Mittelalter, vielfältige Funktionen vereinen. Noch augenfälliger ist dies bei speziellen Einrichtungen für alte Menschen, die so erst seit dem 19. Jahrhundert entstehen. Dabei geschieht ein Doppeltes: Auf der einen Seite erlaubt die Klausur die effiziente Behandlung der entsprechenden Menschen, weil sich die notwendigen Kräfte räumlich bündeln lassen, auf der anderen Seite werden diese Menschen von den anderen separiert; räumliche Trennung bewirkt in diesem Sinn eine Distanzierung.

Das zweite Mittel ist die *Parzellierung.* Den Individuen werden feste Räume angewiesen (das überkommene Modell hierfür ist das Kloster). Mit der räumlichen Festlegung ist die Möglichkeit verbunden, An- und Abwesenheiten zu kontrollieren und über die den Räumen zugewiesenen Personen jederzeit verfügen zu können. Wer an „seinem Platz“ ist, braucht nicht aufwendig gesucht zu werden. Dies wird ergänzt durch das Mittel der Zuweisung von Funktionsstellen. Bestimmte Tätigkeiten können durch eine interne Differenzierung an Effektivität und Effizienz gewinnen. Es muss nicht mehr alles überall vorhanden sein, sondern die einzelnen Einheiten sind entsprechend ihrer Funktion ausgestattet und eingerichtet.

Neben diese Kontrolle des Raumes tritt die der Zeit. Hier sind zwei Mechanismen für uns wichtig: Eine Planung und Durcharbeitung der Zeit durch die *Festsetzung bestimmter zentraler Zeitpunkte* und die zeitliche Durcharbeitung der verschiedenen Tätigkeiten durch *festliegende Abläufe und Reglements.* Schließlich greift noch ein bauliches Prinzip, das der durchgängigen Sichtbarkeit: Von einer zentralen Stelle aus sind alle anderen Einheiten einer Abteilung sichtbar; das Stationszimmer ist z. B. so angeordnet, dass eine Sicht auf alle Gänge gegeben ist.

Die Pointe der Argumentation Foucaults ist, dass diese Arrangements Herrschaftsinstrumente in dem Sinne sind, dass sie die Betroffenen entsprechend der jeweiligen Funktionalitäten disziplinieren. Wie stark Individuen bestimmten Reglements unterworfen sind und diese sie gefügig machen, lässt sich immer wieder an dem Prozess ablesen, durch den Kinder zu Schülerinnen und Schülern gemacht werden: In einem Raum sitzen, den man nicht verlassen soll, mit Kindern zusammen, die man sich nicht ausgesucht hat, von einem Erwachsenen beaufsichtigt und belehrt werden, zu dem man zunächst keinerlei Beziehung hat, sich nicht bewegen können, wie man will, still sein und eventuell einem Monolog folgen sollen, ohne etwas zu sagen – und das in festen Einheiten zu jeweils 45 Minuten und 6 Stunden (und später mehr) am Tag. Selbstverständlich bemüht man sich in heutigen Grundschulen, dieses rigide Korsett flexibler zu gestalten, aber am Grundsätzlichen hat sich wenig geändert, die Kinder haben sich der Schule anzupassen, nicht die Schule den Kindern. Und sieht der Alltag in Krankenhäusern und Altenpflegeeinrichtungen in wesentlichen Punkten anders aus?

Auch hier bemüht man sich seit den letzten Jahrzehnten, Abläufe zu flexibilisieren. Abzulesen ist dies vor allem an den Regelungen für Besuchszeiten. Aber schon bei den Essenszeiten gestaltet sich eine „Entschränkung“ deutlich schwieriger. Zwar wird mit verschiedenen Modellen experimentiert, aber die Regel ist noch die Festlegung von zeitlichen Korridoren, die sich nicht an den Gewohnheiten der Patientinnen oder Bewohner orientieren. Die räumliche und zeitliche Strukturierung macht aus Individuen Patienten und Bewohnerinnen. Dies ist natürlich auch der effektiven Behandlung und Pflege geschuldet. Ohne eine Organisation in dieser Hinsicht könnten Einrichtungen, wie insbesondere Krankenhäuser, nicht bestehen. Diese Notwendigkeit sollte jedoch nicht den Blick darauf verstellen, was dies unter Umständen mit den diesen Prozessen Unterworfenen macht – und es sollte nicht verhindern, nach Alternativen zu suchen, die weniger stark in die autonome Lebensführung der Bewohnerinnen und Patienten eingreifen.

Die Organisation Krankenhaus

In diesem Zusammenhang lohnt es, die Organisation Krankenhaus etwas genauer anzuschauen. Trotz aller Tendenzen zur Vernetzung der unterschiedlichen Dienstleistungen im Gesundheitssystem fokussieren sich die Leistungen des Krankenhauses auf vier Funktionen: Dominiert wird die Organisation von Diagnose und Therapie, die weitgehend in ärztlicher Verantwortung liegen. Die ärztliche Diagnose ist dabei grundsätzlich die Voraussetzung für die Finanzierung jeglicher Leistungen – zumindest im Bereich der gesetzlichen Krankenversicherungen. In der Hoheit über Diagnose und Therapie manifestiert sich die Macht der Medizin im Gesundheitswesen, die auch durch die zunehmende Ökonomisierung des Systems noch nicht gebrochen ist. Eine weitere Funktion des Krankenhauses ist die Isolierung der Patientinnen und Patienten. Diese ermöglicht auf der einen Seite, wie wir bereits gesehen haben, die effektive Behandlung, auf der anderen Seite erleichtert sie die Übernahme der Patientenrolle. Schließlich führt die Isolierung zur Notwendigkeit, die Erfüllung von Grundbedürfnissen sicherzustellen. Dieser Bereich ist in großem Umfang der Pflege zugewiesen, auch wenn deren Tätigkeiten noch weitere Felder umfassen.

Im Anschluss an den US-amerikanischen Soziologen Talcott Parsons wird die Arztrolle durch fünf Merkmale charakterisiert: funktionale Spezifität (Einschränkung auf Fragen von Gesundheit und Krankheit), Universalismus (Gleichheit der Kriterien der Behandlung für im Prinzip alle), affektive Neutralität (keine Orientierung an Sympathie oder Antipathie), Kollektivitäts- und Gemeinwohlorientierung. Dies verpflichtet zur Orientierung am

Wohl der Patienten und am aktuellen Stand des wissenschaftlichen Wissens. Die Patientenrolle wird komplementär zur Arztrolle konstruiert. Zwar gilt auch auf dieser Seite affektive Neutralität, aber der Handlungsorientierung entspricht eine Compliance-Verpflichtung, also das Sich-Einlassen auf die medizinischen Maßnahmen und der Wille, durch eigenes Handeln zu einer schnellen Gesundung beizutragen. Dafür wird die Patientin von alltäglichen anderen Rollenverpflichtungen befreit und die Abweichung von diesen alltäglichen Verpflichtungen ihr nicht selbst zugeschrieben (Entmoralisierung von Krankheit).

Intern sind Krankenhäuser sowohl hierarchisch als auch autonom strukturiert. Die Hierarchie basierte klassisch auf den drei Säulen der ärztlichen, der pflegerischen und der Verwaltungsleitung, heute ist dafür die Geschäftsführung eingesetzt. Autonom sind die Untereinheiten (Stationen und Funktionsbereiche) in weiten Teilen für die Erfüllung ihrer Aufgaben. Während früher die Medizin der prägende Faktor in der Krankenhaushierarchie war, wird diese in letzter Zeit infrage gestellt. Damit geraten auch die medizinische und die betriebswirtschaftliche Orientierung tendenziell miteinander in Konflikt.

Für die Pflege ändert das hinsichtlich ihrer hierarchischen Position nur wenig; allenfalls verschieben sich Schwerpunkte. Diese Entwicklung birgt auch deswegen einige Brisanz, weil Krankenhäuser – und auch die Einrichtungen der Altenpflege – in steigendem Maß privatisiert worden sind und werden. Aus öffentlichen Einrichtungen werden profitorientierte Unternehmen. Nun lässt sich einem Unternehmen schlecht vorwerfen, Profite erwirtschaften zu wollen. Allerdings lässt sich sehr wohl fragen, ob Bereiche, die für die Versorgung der Bevölkerung mit Grundgütern zuständig sind, privatwirtschaftlich orientiert sein dürfen (gleiche Fragen lassen sich z. B. für die Wasserversorgung, den öffentlichen Nahverkehr, für Justiz und Justizvollzug stellen). Es besteht die Gefahr, die Leistungs- der Gewinnorientierung unterzuordnen. Dies kann Auswirkungen auf die Personalsituation und den optimalen Einsatz der Ressource Arbeitskraft haben – Profite werden dann auf dem Rücken der Beschäftigten erwirtschaftet.

Qualitätsmanagement

Die Einführung von Methoden der Qualitätsentwicklung und -sicherung wird in der Pflege dezidiert kritisch gesehen. Schließlich ist mit dieser Entwicklung auch die Neudefinition der Pflege als Dienstleistung verbunden. Welche Veränderungen im Blick auf die Patienten und Bewohnerinnen damit einhergehen, haben wir bereits in Kapitel 6 diskutiert. Der zugrunde liegende Qualitätsbegriff umfasst üblicherweise drei Dimensionen: die *Struktur-*, die *Prozess-* und die *Ergebnisqualität.* Die erste Dimension bezeichnet die organisationsspezifischen Rahmenbedingungen und die Ausstattung einer Einrichtung, die zweite die Effektivität und Effizienz der internen Abläufe bei der Erbringung einer Dienstleistung und die dritte den Erfolg oder Misserfolg sowie die Qualität der Ergebnisse.

Aus unserer Sicht sind es insbesondere zwei fachlich und ethisch problematische Ausprägungen des Qualitätsmanagements, die kritisch zu betrachten sind. Zum einen ist dies ein Verständnis von Qualitätsmanagement als Optimierung von Prozessen, die vor allem auf Kosteneinsparungen zielt. Mit anderen Worten: Es geht nicht um das Wohl der Patientinnen, auch nicht um professionelle Standards, sondern in erster Linie um die Interessen von Unternehmen und Teilen der Politik an möglichst niedrigen Kosten und Beitragssätzen. Zum anderen ist dies ein Verständnis, das allein erzielte Ergebnisse im Blick hat (Ziel erreicht oder nicht erreicht), ohne zu untersuchen, wie ein solches Ergebnis zustande gekommen ist. Damit werden die Erbringungsverhältnisse ausgeblendet; dazu gehören auch die Beziehungsgestaltung und die Aushandlungsprozesse zwischen den Pflegenden und den Patientinnen und Bewohnern.

Die Qualitätsdebatte ist in der Pflege allerdings nur dem Begriff nach neu. Der Sache nach ist sie bereits in der Professionalisierung und Verwissenschaftlichung der Pflege angelegt. Deren Ziel ist es, ausgehend von spezifischen Diagnosen zweckrational kalkulierend diejenigen Methoden auszuwählen, die den größten Erfolg versprechen. In gewisser Weise wurde – wie in Kapitel 7 bereits angesprochen – so die Logik einer an den Naturwissenschaften orientierten Technologie unbesehen auf die Pflege übertragen. Dieses Bedürfnis nach einer zweckrationalen Methodik ist auch heute bei Studierenden der Pflege noch verbreitet. Insofern trifft die Auseinandersetzung um die Qualität der Pflege ins Herz des pflegerischen Selbstverständnisses. Das erklärt, warum diese Debatte so erbittert geführt wird. Vor diesem Hintergrund sind die Chancen zu betrachten, die sich mit der Einführung von Qualitätsmanagement in der Pflege verbinden, wie Ressourcenorientierung, Erfolgskontrolle, Transparenz und anderes mehr. Mit der Frage nach dem Kern des professionellen Selbstverständnisses werden wir uns im nächsten Kapitel ausführlicher auseinandersetzen.

Die klassische Organisation und ihre Probleme

Pflege – davon sind wir ausgegangen – vollzieht sich in Organisationen. Die Organisationstheorie ist ein junger Wissenschaftszweig. Ihr klassischer Typus geht auf Max Weber zurück, der die Funktionsweise von Bürokratien analysierte. Ihm zufolge ist eine moderne Bürokratie durch fünf Merkmale charakterisiert. Zunächst ist dies die Spezialisierung: die Zerlegung des Arbeitsvolumens in einzelne Schritte und die Delegation entsprechender Aufgaben an einzelne Stellen, deren Inhaberinnen oder Inhaber für die Bewältigung dieser Aufgaben qualifiziert sind. Das zweite Merkmal ist die hierarchisch gegliederte Ordnung: die Konstruktion einer Zuständigkeitskette mit zunehmenden Befugnissen nach oben, die mit einer Weisungsbefugnis nach unten gekoppelt sind. Weiter werden explizite Regeln vorgegeben, die Verfahren innerhalb der Bürokratie bestimmen. Neben den klassischen Dienstvorschriften gehören dazu die Dienst- und Entscheidungswege. Viertes Kennzeichen ist die Unpersönlichkeit: die Distanz innerhalb der Bürokratie, vor allem aber gegenüber den Klientinnen und Klienten. Entscheidungen dürfen nicht von persönlichen Bindungen oder emotionalen Stimmungen abhängig sein, sie lassen sich allein durch ihre sachliche Angemessenheit rechtfertigen. Schließlich ist dies die leistungsbezogene Entlohnung: Positionen werden innerhalb der Bürokratie, zumindest dem Grundsatz nach, entsprechend formaler Qualifikationen vergeben. Es soll verhindert werden, dass sachfremde Momente die Positionierung innerhalb der Hierarchie beeinflussen. Gleichzeitig ermöglicht die Verbindung von Hierarchie und Entlohnung die Planung individueller Karrieren innerhalb der Bürokratie. Unabhängig davon, ob Organisationen gegenwärtig noch durch diese Merkmale hinreichend charakterisiert sind (die Organisationstheorie hat sich weiterentwickelt), liefern sie doch Hinweise darauf, an welcher Stelle in Organisationen ethische Probleme entstehen können.

Mit dem ersten Merkmal, *Spezialisierung* und Arbeitsteilung, stellt sich das Problem der Verantwortung in neuer Weise. In Organisationen werden – wir haben dies bereits angesprochen – Zuständigkeiten und Aufgaben delegiert, es entstehen Aufgaben- und Zuständigkeitsbereiche. Es muss gewährleistet werden, dass die anfallenden Aufgaben bewältigt werden. Gelingt dies nicht, stehen die Zuständigen in der Verantwortung. Mit der Zuweisung von Verantwortungsbereichen entstehen gleichzeitig Bereiche organisierter Verantwortungslosigkeit. Innerhalb von Unternehmen oder Einrichtungen entsteht durch Spezialisierung oft ein interner Wettbewerb, der in manchen Fällen von der Leitung gezielt initiiert wird, um mehr Leistung zu erzielen. Das Problem ist, das Verhältnis von Konkurrenz und Kooperation innerhalb der Organisation in ein ausgeglichenes Verhältnis zu bringen. Wer konkurriert, kooperiert in der Regel nicht. Aber in vielen Situationen sind Organisationen auf Kooperation angewiesen. Wahrscheinlich ist die Kooperation der Regelfall, der als Problem nur wahrgenommen wird, wenn sie nicht funktioniert. Trotz des abteilungsspezifischen Teamgeistes muss ein Zusammengehörigkeitsgefühl für die gesamte Organisation entwickelt werden – in der Sprache der Organisationsentwicklung geht es um die „Corporate Identity".

Mit dem zweiten Merkmal, der *Hierarchie,* ist das Problem der organisationalen Macht verknüpft. Nach der Definition von Weber bezeichnet man mit Macht die Chance, innerhalb einer sozialen Beziehung den eigenen Willen auch gegen Widerstreben durchzusetzen. Dabei ist unwichtig, worauf diese Möglichkeit beruht. Macht liegt vor, wo Menschen gegen ihren Willen handeln, aber auch dort, wo ihr Wille so bestimmt wird, dass sie von sich aus bestimmte Dinge tun. Macht in diesem Sinn ist zunächst moralisch neutral. Macht ist nicht „böse", sondern ein sozialer Sachverhalt innerhalb menschlicher Beziehungen. Von ethischer Relevanz ist, wofür Macht eingesetzt wird und ob der Einsatz der Machtmittel legitim ist. Deshalb gehört in diesen Zusammenhang die Unterscheidung zwischen legitimer und illegitimer Macht. Am Beispiel: Eine Vorgesetzte hat die Möglichkeit, einem Mitarbeiter einen bestimmten Vorgang zur Bearbeitung zuzuweisen. Die Delegation von Aufgaben ist in einer Organisation notwendig und durch die hierarchische Strukturierung gestützt. Probleme können entstehen, wenn der Mitarbeiter die Aufgabenzuweisung ablehnt, etwa mit dem Hinweis auf Überlastung. Die Androhung von Sanktionen vonseiten der Vorgesetzten wäre nur dann legitim (und auch legal), wenn der Ablehnungsgrund vorgeschoben ist. Träfe er hingegen zu, wäre die Vorgesetzte dafür verantwortlich, Abhilfe zu schaffen.

Allerdings sind die meisten Konflikte in Einrichtungen nicht so gelagert, dass sie sofort eine arbeitsrechtliche Relevanz besitzen. Machtbeziehungen sind meist subtiler und nicht auf den expliziten Hinweis auf Sanktionsmittel angewiesen. Extremformen dieser Machtkonflikte sind *Mobbing* und *Bossing*. Mit Mobbing bezeichnet man das fortgesetzte und systematische Ausüben von psychischem Druck auf Mitarbeiterinnen in einer Organisation; geschieht das durch einen Vorgesetzten, spricht man von Bossing. Man geht davon aus, dass der größte Teil von Mobbingfällen von Vorgesetzten ausgeht oder zumindest von ihnen gedeckt ist. Nur in den seltensten Fällen wird von unten nach oben gemobbt. Zumeist geht es bei Mobbingfällen um organisationsinterne Kämpfe um Ressourcen und Positionen. Das wird dadurch belegt, dass in konjunkturellen Krisenzeiten die Fallzahl steigt. In organisierten sozialen Einheiten ist Mobbing an der Tagesordnung. In Schulklassen, Seminargruppen, in Betrieben und anderen Einrichtungen werden regelmäßig einzelne Personen zum Opfer. Daher ist es von großer Bedeutung, strukturell Präventionsmaßnahmen zu implementieren. Diese können von Informationsmaterial über bestimmte Anlaufstellen bis zu internen Regularien reichen. Von großer Bedeutung ist die Organisationskultur, also die Art und Weise, wie innerhalb einer Organisation mit Konkurrenz und mit Konflikten umgegangen wird. Diese entsprechend zu gestalten, gehört in die Verantwortung der Leitung.

Ein weiteres Problem ist die in allen Organisationen bestehende informelle Struktur. Sie wird durch Normen und Verhaltensweisen gebildet, die sich unterhalb der formalen Ebene entwickeln. Sie besteht aus Routinen und Entscheidungswegen, die sich nicht in der formalen Hierarchie abbilden lassen. Diese informellen Strukturen können die Abläufe sowohl behindern als auch beschleunigen, nicht umsonst gilt der „Dienst nach Vorschrift“ als Drohung im Arbeitskampf. Achtet man auf die informellen Strukturen, wird deutlich, dass Entscheidungen nur selten von den legitimierten Gremien getroffen werden, vielmehr sind Entscheidungen bereits entschieden, wenn sie zur Entscheidung anstehen: In informellen Absprachen und Gesprächen wurden bereits Alternativen ausgetestet und auf ihre Umsetzbarkeit geprüft. Informelle Strukturen haben darüber hinaus ihre eigenen Hierarchien.

Das dritte Merkmal bezieht sich auf die *Regelhaftigkeit des Organisationshandelns.* In der Organisationslehre unterscheidet man zwischen Konditional- und Zweckprogrammen einer Organisation. *Konditionalprogramme* haben eine Wenn-dann-Struktur. Wenn bestimmte vorab definierte Bedingungen vorliegen, dann ist entsprechend einschlägiger Regeln so und so zu handeln. Der größte Teil sozialer Leistungen wird über solche Konditionalprogramme gesteuert. Wenn bestimmte Voraussetzungen vorliegen, sind entsprechende Leistungen vorgesehen. Die zuständige Sachbearbeiterin hat die Aufgabe, anhand von Unterlagen zu prüfen, ob die Voraussetzungen gegeben sind, um Leistungen zu bewilligen, und gegebenenfalls in welchem Umfang sie zu gewähren sind. Solche Organisationsprogramme findet man z. B. bei der Pflegebegutachtung durch den MDK (Medizinischer Dienst der Krankenversicherung). *Zweckprogramme* hingegen sind auf die Zukunft gerichtet. Es werden bestimmte Zwecke oder Ziele gesetzt, für die entsprechende Mittel geplant und bereitgestellt werden müssen. Ein Beispiel hierfür ist der Pflegeprozess.

Die Probleme der Programmierung liegen auf der Hand. Konditionalprogramme sind starr und unflexibel. Sie ermöglichen zwar die Gleichbehandlung unterschiedlicher Fälle, erlauben aber keine Spielräume hinsichtlich der besonderen Würdigung von Einzelfällen. Deshalb wird manchmal den Entscheidern ein Ermessensspielraum eingeräumt. Dies hat jedoch den Nachteil, dass negative Entscheidungen als willkürlich wahrgenommen werden können. Bei Zweckprogrammen ist es schwierig, genau zu bestimmen, wann ein Ziel erreicht ist und die Hilfe beendet werden kann. Es besteht die Gefahr, dass sich die Maßnahmen verstetigen. Zudem können unpräzise definierte Ziele nur annäherungsweise realisiert werden und zusätzliche Leistungen bei abnehmendem Grenznutzen nur zu einer Annäherung an das Ziel beitragen.

Grundsätzlich erfordert die Entscheidbarkeit der konkreten Leistung, das Verfahren zu formalisieren. Dazu ist es notwendig, die einzelnen Personen zu *Fällen* zu deklarieren. Ein zentrales Hilfsmittel der Fallkonstruktion ist die Dokumentation, die Akte. Zugespitzt kann man sagen, dass durch die Aktenführung die Personen zu Fällen gemacht werden. Entscheidungen knüpfen an Vorgaben an, die für die Akte entsprechend aufgearbeitet sind. Dabei bildet die Akte die Realität nicht einfach ab. Aktenführung ist hoch selektiv und standardisiert. Akten erzeugen so typische Erzählungen, die dann standardisierte Interventionen nahelegen. Akten sind ein Medium zwischen den Professionellen und ihren Klientinnen, durch das hindurch Interaktion strukturiert wird. Selbstverständlich haben Akten auch noch andere Funktionen. Sie dienen der Kommunikation – und der Kontrolle – innerhalb von, aber auch zwischen Organisationen. Sie erzeugen damit eine eigene Realität, von der Betroffene in der Regel nichts erfahren. Akteneinsicht wird deshalb vonseiten der Professionellen oft als ein eher unliebsames Recht angesehen. Das ist aber nur die eine Seite. Die andere Seite ist die genannte eigene Realitätsform, die nicht frei von Stigmatisierungen ist z. B. durch Aktenvermerke, die wirksam werden, wenn andere ihre Interaktion mit Betroffenen auf Basis der Aktenlage gestalten. Akten tragen damit zu dem bei, was als viertes Merkmal von Bürokratien beschrieben wurde: zur Unpersönlichkeit.

Unpersönlichkeit bedeutet in Organisationen, dass allein sachliche Argumente Entscheidungen beeinflussen dürfen. Diese Maxime gilt gleichermaßen nach innen und außen. So soll vermieden werden, dass sich – z. B. aufgrund informeller Hierarchien – Seilschaften ausbilden oder Patronagesysteme etablieren. So wichtig das Merkmal der Unpersönlichkeit ist, um Gleichbehandlung sicherzustellen, ist die Kehrseite davon die Tendenz, Patientinnen und Bewohner als bloße „Fälle" zu behandeln. Die Gefahr wird dort umso größer, wo Professionelle eine übergroße Anzahl von Fällen – hier ist schon die Sprache verräterisch – abarbeiten müssen. Für die Würdigung persönlicher oder kontextueller Besonderheiten bleibt dann kaum Zeit. Und wenn man sich die Zeit in einem Fall nimmt, fehlt sie bei den anderen. Das Problem ist in der Regel nicht die Haltung der Beschäftigten, sondern die Arbeitsorganisation oder die zu geringe personelle Ausstattung. Trotzdem ist es für Pflegeberufe von grundlegender Bedeutung, die richtige Balance zwischen Persönlichkeit und Unpersönlichkeit zu finden. Hilfreich dabei ist das Modell, das wir bereits im Zusammenhang mit Kompetenzen und Tugenden vorgestellt haben. Die richtige Balance stellt sich dann dar als Mitte zwischen beiden Extremen, die jeweils kontextuell neu bestimmt werden muss.

Eine besondere Problematik bilden sexuelle Beziehungen sowohl innerhalb als auch zwischen Angehörigen einer Organisation mit deren Publikum.

Selbstverständlich ist grundsätzlich nichts gegen einvernehmliche sexuelle Handlungen zwischen Personen, die über sich selbst bestimmen können, einzuwenden. Innerhalb von Organisationen können jedoch Abhängigkeitsverhältnisse solche Beziehungen problematisch machen. Vorgesetzte können ihre hierarchische Position nutzen, um Beschäftigte sexuell zu nötigen. In der umgekehrten Hierarchierichtung können Vorgesetzte bei sexuellen Beziehungen erpressbar werden.

In der Praxis ist die sexuelle Belästigung oder gar Nötigung durch männliche Vorgesetzte, Ausbilder oder ähnliche Personen das zahlenmäßig größte Problem. 1994 ist das Beschäftigtenschutzgesetz in Kraft getreten, das 2006 durch das Allgemeine Gleichbehandlungsgesetz abgelöst wurde. Allerdings zeigen Untersuchungen, dass der Schutz durch das Gesetz unzureichend ist und sexuelle Nötigung nach wie vor häufig bagatellisiert wird. Geeignete Maßnahmen gegen sexuelle Gewalt in Einrichtungen zu implementieren, ist eine langwierige Angelegenheit. Am nachhaltigsten dürfte die Verankerung des Gleichstellungsgedankens innerhalb einer Organisation sein. Wo eine Kultur der Anerkennung vorhanden ist, nehmen Übergriffe ab.

Die Webersche Bürokratisierungstheorie hat die klassische staatliche Bürokratie vor Augen. Aus dieser wird das fünfte Merkmal, die *leistungsbezogene Entlohnung,* abgeleitet. Das Gehaltsgefüge orientiert sich an Besoldungsgruppen, die jeweils eine bestimmte *formale Qualifikation* zur Voraussetzung haben. Grundsätzlich hat sich daran an den gegenwärtigen Tarifverträgen für den öffentlichen Dienst wenig geändert. Eine zentrale Kritik an diesem System ist, dass damit nicht die individuelle Leistung als Maßstab fungiert, sondern rein formale Qualifikationen. Dem versucht der neue Tarifvertrag insofern zu begegnen, als in ihm eine Mischung aus einer Grundvergütung und leistungsbezogenen Zulagen eingeführt wurde. Allerdings gestaltet sich die Umsetzung dieses Modells schwierig. Außerdem gehört nur ein Teil der Beschäftigten im Gesundheitswesen dem öffentlichen Dienst an. Zwar orientiert sich bei den freien Trägern die Entlohnung an den Tarifverträgen für den öffentlichen Dienst, diese Bindung ist jedoch nicht zwingend.

Dies zeigt sich am deutlichsten bei den sogenannten *Tendenzbetrieben* wie insbesondere kirchlichen Trägern. Die Schlechterstellung von Mitarbeiterinnen betrifft z. B. bei den Kirchen nicht nur die Bezahlung, sondern auch die Mitbestimmung. Zwar betonen kirchliche Vertreter immer wieder, dass die kirchlichen Mitbestimmungsregelungen den Personalvertretungsgesetzen oder dem Betriebsverfassungsgesetz entsprechen, aber Kritiker des sogenannten „Dritten Wegs“ sehen weiterhin eine Benachteiligung ihrer kirchlich angestellten Kolleginnen, beispielsweise hinsichtlich des fehlenden Streikrechts. Die Ausgestaltung der Arbeitsverhältnisse ist entsprechend Artikel 140 Grundgesetz in Verbindung mit Artikel 137 Absatz 3 der Weimarer Reichsverfassung („Jede Religionsgesellschaft ordnet und verwaltet ihre Angelegenheiten selbständig innerhalb der Schranken des für alle geltenden Gesetzes.“) Angelegenheit der Kirchen. Daher haben diese das Recht, besondere Ansprüche an die Loyalität und die Lebensführung ihrer Mitarbeiter zu richten. Dies kann z. B. beinhalten, dass die Mitgliedschaft in der Kirche als Voraussetzung für die Begründung eines Beschäftigungsverhältnisses gefordert wird. Die Lebensführungspflichten werden in den einschlägigen Richtlinien meist dahingegen formuliert, dass das Verhalten der Mitarbeiterinnen die Ziele des Arbeitgebers nicht gefährden darf. Im Hintergrund steht – in den evangelischen Kirchen – das Leitbild einer „Dienstgemeinschaft“. Dieses bringt zum Ausdruck, dass die kirchlichen Mitarbeiter in ihrer Tätigkeit dem kirchlichen Auftrag verpflichtet sind.

Ethische Konflikte durch Asymmetrie und Macht

Helfende Beziehungen sind ihrer Struktur nach asymmetrisch angelegt, dies gilt in besonderem Maße für die Pflege in stationären Einrichtungen. Genauer betrachtet lassen sich mit Manuela Bobbert fünf Asymmetrien beschreiben. Die erste Asymmetrie wirkt sich bereits in der *Beschreibung der zu bearbeitenden Situation* aus. Das Bezugssystem der Patienten und das der Pflege sind nicht notwendig deckungsgleich. Die Gefahr besteht, dass deren subjektives Erleben und deren Selbstdeutungen systematisch an den Rand gedrängt werden und stattdessen die fachliche und medizinisch orientierte Sicht dominiert. Objektiv messbare Parameter stehen dann subjektiven Einschätzungen gegenüber. Gleiches gilt für vorgeschlagene Lösungsmöglichkeiten. Diese orientieren sich an den Regeln der Fachlichkeit und nicht an den Selbstdeutungen, auch wenn von fachlicher Seite gefordert wird, sich an den Deutungen der Patientinnen und Patienten zu orientieren oder sie zumindest in die Problemlösung einzubeziehen.

Die *ungleiche Rollensicherheit* zeigt sich z. B. darin, dass sich Bewohner und Patientinnen in das neue Umfeld erst einleben müssen. Die Pflegenden sind in ihrem Umfeld gut orientiert, Bewohnerinnen und Patienten sind es zunächst nicht; wenngleich es erfahrene Personen gibt, die die organisationalen Abläufe und die persönlichen Eigenheiten der Akteurinnen besser kennen als die meisten Insider. Trotzdem gestaltet sich die Eingewöhnungsphase in Pflegeeinrichtungen nicht selten für die neuen Bewohnerinnen problematisch.

Die dritte Asymmetrie besteht darin, dass sich die Betroffenen in einer *Krisensituation* befinden und die Professionellen – in der Regel – nicht. Die Patientinnen und Bewohner haben existenzielle Probleme, die Pflegenden behandeln diese aber als professionelle. Die Krisensituation und der aus ihr resultierende Hilfebedarf konstituiert die professionelle Beziehung. Hinzu kommt die Art und Weise, wie Betroffenen ihre Situation erleben. Sie kann unterschiedliche Reaktionen auslösen: Zorn, Resignation, Selbstmitleid, Scham oder anderes. Betroffene sind in diesem Fall emotional belastet, die Professionellen nicht. Deshalb kann es Letzteren leichter fallen, eine professionelle Distanz aufzubauen, während das insbesondere emotional Betroffenen nur schlecht gelingt. Die mit Krankheit, Pflegebedürftigkeit oder Altern verbundenen körperlichen Einschränkungen können zu Schamgefühlen führen. Wie Katharina Gröning an eindrücklichen Beispielen belegt, betrifft dies vor allem die mangelnde Kontrolle über Körperausscheidungen und die Sexualität. Vor allem Bewohnerinnen von Pflegeeinrichtungen, aber auch entsprechende Patienten in Krankenhäusern empfinden sich gegenüber den Professionellen als defizitär und werden in dieser Situation durch die Pflege- und Therapieroutinen immer wieder entblößt und entweiht. Eine besondere Rolle spielen hier Schmerzen.

Ein bekanntes Beispiel hierfür ist eine Frau, die in den Wehen liegt und an starken Schmerzen leidet, während die betreuende Hebamme die Ausschläge des Wehenschreibers als nur gering ansieht und zu dem Ergebnis kommt, so schlimm könne es ja nicht sein (Giese 2002, S. 133). Auch diese Erfahrung, im eigenen Erleben nicht ernst genommen zu werden, erzeugt Unsicherheit und Scham gegenüber den Personen, die Zugang zu Möglichkeiten der Schmerzlinderung haben: Der Wunsch, entgegen der „objektiven" Einschätzung der Professionellen dennoch eine angemessene Schmerztherapie zu erhalten, setzt bei Betroffenen ein nicht geringes Maß an Durchsetzungsvermögen voraus, das in der entsprechenden Situation nur schwer zu mobilisieren ist.

Die vierte Asymmetrie bezieht sich darauf, dass die Patientin oder der Bewohner häufig *intime Informationen* offenbaren muss, während die Professionelle ihre Privatsphäre wahren kann. Es geht in der Praxis um Einblicke in den ureigenen Bereich, es geht um Körperbild und Lebensgewohnheiten, um Fragen der Sexualität, um den Umgang mit Drogen oder Suchtphänomenen. Dies alles sind klassische Tabuthemen. In der pflegerischen Beziehung werden und müssen diese Bereiche offengelegt werden. Patientinnen und Bewohner müssen sich auch hier gewissermaßen entblößen, während das auf der anderen Seite der Beziehung in der Regel verborgen bleibt.

In diesen Zusammenhang gehören auch technische Innovationen, die im Kontext von „Ambient Assisted Living" eingesetzt werden. Navigationssysteme z. B. eröffnen einerseits Bewegungsräume, dienen andererseits der Kontrolle. Gleiches gilt für Geräte, die Vitalparameter messen und weiterleiten.

Schließlich führt die fünfte Asymmetrie häufig zu einer Art von *vorauseilendem Gehorsam,* um Situationen zu entgehen, wie sie ein anonymer Krebspatient in einem Artikel beschreibt:

> *„Ich hatte von Anfang an den Ehrgeiz, mich am Abend und Morgen selbst zu waschen. Am zweiten Tag nach der Operation saß ich morgens nackt und erschöpft, aber glücklich auf dem Klo und war froh, überhaupt wieder allein und selbständig pinkeln zu können, als eine Pflegekraft ohne zu grüßen und sich vorzustellen ins Bad stürmte und mir wortlos das Fieberthermometer ins Ohr drückte. Sie wolle schnell noch meinen Blutdruck messen und mir auch noch eine Thrombosespritze in den Hintern jagen. Mit Aufbietung meiner letzten Kräfte wehrte ich das Blutdruckmessen und die Spritze auf dem Klo ab. Die Pflegekraft war sauer und gab es mir zu verstehen. Ich fühlte mich elend und in meiner Menschenwürde verletzt." (Anonymus 2002, S. 45)*

In gewisser Weise ergibt sich diese Asymmetrie als Reaktion der Betroffenen auf die durch die zuerst skizzierten Ungleichheiten. Sie ist eine Vermeidungsstrategie in einer als ohnmächtig empfundenen Situation. Sie versucht dem Druck zu entgehen, der durch die Macht der Verhältnisse empfunden wird.

Literatur

Anonymus (2002): „Nicht pfleglich behandelt". Erfahrungsbericht eines Krebspatienten, in: Mabuse 27/2002, Nr. 138, S. 44–46.

Berg, Marc (2008): Praktiken des Lesens und Schreibens. Die konstitutive Rolle der Patientenakte in der medizinischen Arbeit, in: Irmhild Saake, Werner Vogd (Hrsg.): Moderne Mythen der Medizin. Studien zur organisierten Krankenbehandlung. Wiesbaden (VS), S. 63–85.

Bobbert, Monika (2002): Patientenautonomie und Pflege. Begründung und Anwendung eines moralischen Rechts, Frankfurt/New York (Campus).

Foucault, Michel (1976): Überwachen und Strafen. Die Geburt des Gefängnisses, Frankfurt (Suhrkamp).

Giese, Constanze (2002): Die Patientenautonomie zwischen Paternalismus und Wirtschaftlichkeit. Das Modell des „Informed Consent" in der Diskussion, Münster (Lit).

Gröning, Katharina (1998): Entweihung und Scham. Grenzsituationen in der Pflege alter Menschen, Frankfurt (Mabuse).

Parsons, Talcott (1958): Struktur und Funktion der modernen Medizin. Eine soziologische Analyse, in: René König, Margret Tönnesmann (Hrsg.) – Probleme der Medizin-Soziologie (Kölner Zeitschrift für Soziologie und Sozialpsychologie, Sonderheft 3) Opladen (Westdeutscher Verlag) 1958, S. 10–57.

Kapitel 10. Die gute Profession

Die Frage nach ihrer Professionalität begleitet die Entwicklung der Pflege seit gut hundert Jahren, und sie ist nach wie vor aktuell. Für die Pflege ist von besonderer Brisanz, dass sie lange Zeit einer klassischen Profession untergeordnet war, den Ärzten. Nicht zuletzt deshalb ist die Professionsdebatte in der Pflege Ausdruck eines „Kampfes um Anerkennung" (Axel Honneth).

In der Alltagssprache bezeichnen wir die Tätigkeit einer Person als professionell, wenn wir ihr besondere Fähigkeiten und Kompetenzen zuschreiben. „Professionell" fungiert als ein Qualitätsprädikat: Professionelles Handeln ist durch einen hohen Grad an Fachlichkeit gekennzeichnet. Manchmal schwingt dabei ein kritischer Unterton mit: Wer etwas professionell erledigt, ist innerlich nicht beteiligt, er oder sie wahrt eine bestimmte emotionale Distanz. Es wird auch nicht jede berufliche Tätigkeit als professionell bezeichnet. Das Prädikat „Profession" wird Juristinnen zuerkannt, Bäckern nicht. Neben dieser unterschiedlichen Bewertung verschiedener Berufe ist im Alltag die Unterscheidung zwischen Professionellen und Amateuren oder Laien geläufig, etwa im Sport. Amateure üben einen Sport aus Leidenschaft aus, Professionelle des Geldes wegen. Allerdings stellt sich die Frage, ob nicht auch Professionelle diese Leidenschaft benötigen, um in ihrer Tätigkeit besondere Leistungen erbringen zu können.

Was Professionen auszeichnet

In der klassischen merkmalsorientierten Professionstheorie werden Elemente genannt, die Professionen gegenüber anderen Berufen auszeichnen. Dies sind insbesondere eine wissenschaftliche Grundlage, die die Ausbildung strukturiert, die Kontrolle über den Berufszugang (z. B. durch Kammern), die Autonomie der Berufsführung, die Selbstkontrolle der Professionsangehörigen sowie ein aus einem gesellschaftlichen Mandat (Zentralwert) resultierender Status. So basiert der Zugang zu Professionen in der Regel auf einem Hochschulstudium, das sich auf eine Basisdisziplin bezieht (deswegen wird die Auseinandersetzung über die Ausrichtung der Pflegewissenschaft und ihrer Theorien so heftig geführt). Die Selbstkontrolle der Professionsangehörigen ist normativ durch entsprechende Berufskodizes (Berufsethiken) normiert (in der Pflege etwa durch den International Council of Nurses, ICN). Die berufspolitische Frage der Notwendigkeit einer Kammer wird seit Jahren kontrovers diskutiert; die erste Pflegekammer in Deutschland wurde 2015 in Rheinland-Pfalz eingerichtet.

In der Pflege hat in der Diskussion um Professionalisierung die Theorie Ulrich Oevermanns besondere Beachtung gefunden. Er geht von einem handlungstheoretischen Ansatz aus und lokalisiert die Besonderheiten von Professionen in einer Reihe *„widersprüchlicher Einheiten"*: Die erste ist gekennzeichnet durch die Differenz zwischen Entscheidungszwang und Begründungsverpflichtung. Diese ist eine Folge aus dem Theorie-Praxis-Problem. Auf der einen Seite ist der oder die Pflegende dem State of the Art, dem aktuellen Stand der Wissenschaft verpflichtet, auf der anderen Seite muss sie oder er aktuell handeln, ohne über alle Informationen zu verfügen, alle Einschätzungen reflektiert und alle Folgen abgeschätzt zu haben. Professionelles Handeln ist zwar nicht unbegründet, es lässt sich in der Regel jedoch erst im Nachhinein rational rechtfertigen. Mit dieser widersprüchlichen Einheit ist die zwischen universalem Wissen und Einzelfall eng verknüpft. Professionelle beziehen sich zum einen auf eine wissenschaftliche Basis, deren Aussagen eine universalistische Geltung beanspruchen, haben es in der Praxis zum anderen jedoch mit ganz spezifischen Fällen subjektiv Betroffener mit ihrer eigenen Biografie, ihren Lebenseinsichten und Erfahrungen zu tun. Fallverstehen, Aktivierung von Selbsthilfe und stellvertretende Deutung lebenspraktischer Problemkonstellationen sind Elemente der Perspektive auf den Einzelfall. Schließlich ist die Beziehung zwischen Professionellem und zu Pflegenden durch die Spannung zwischen spezifischen und diffusen Erwartungen geprägt.

Diese widersprüchliche Einheit lässt sich als die zwischen „Amt und Person" oder „notwendige Nähe und analytische Distanz" verstehen. Professionelle repräsentieren Fachlichkeit und wollen oder sollen gleichzeitig als konkreter Mensch wahrgenommen werden. Bedroht ist diese Professionalität, wenn sich die wissenschaftlich-technokratische Orientierung durchsetzt und die widersprüchliche Einheit zugunsten einer Seite aufgehoben wird. Die Autonomie des Handelns wird dann durch eine rigide Orientierung an Theorien und Methoden ersetzt. Für die Pflege ist diese widersprüchliche

Einheit auch deshalb von besonderer Bedeutung, weil – wie wir in Kapitel 8 bereits gesehen haben – insbesondere im Krankenhaus die spezifische Orientierung den Ärzten und die diffuse den Pflegenden zugewiesen wird. Auswirkungen hat dieser Widerspruch zudem auf die Pflegenden selbst, die – wir haben das in Kapitel 5 angesprochen – jeweils austarieren müssen, wieviel Caring (diffuse Orientierung) das Nursing (spezifische Orientierung) verträgt.

Pflege und Medizin

Neben der widersprüchlichen Einheit Spezifität und Diffusität werden weitere Aspekte diskutiert, wie sich die Arzt-Patienten- und die Pflege-Patienten-Interaktion auf spezifische Weise unterscheidet. Irmhild Saake z.B. führt diese Differenz auf unterschiedliche Zeithorizonte zurück. Dabei ist das ärztliche Handeln vor allem an zeitlichen Perspektiven, die Pflege eher an der Gegenwart orientiert. Diese Charakterisierung ist allerdings etwas plakativ. Zwar ist die Logik ärztlichen Handelns kurativ ausgerichtet, also auf Zukunft hin angelegt, dies dominiert jedoch nicht jede Handlungsform. Insbesondere bei Notfällen muss jeder Zeithorizont ausgeblendet werden. Ebenso spielt bei der Pflege im Sinne einer rehabilitativen Prozesspflege der zeitliche Horizont eine erhebliche Rolle. Allerdings ist zuzugestehen, dass der Bezug auf die Zukunft das pflegerische Handeln nicht allein konstituiert, da auch – und oft insbesondere dann – gepflegt wird, wenn für die Patientin oder den Patienten keine längerfristige zeitliche Perspektive mehr verbleibt, so etwa in der Palliativpflege.

Damit stellt sich das Problem, wie die Pflege auf diese unterschiedlichen Handlungslogiken in ihrer Selbstbeschreibung reagiert. Dies gilt umso mehr, wenn sie sich von den überkommenen Strukturen emanzipieren und professionalisieren will. Dann gilt es „das Originäre der Pflege" zu entdecken, wie der Titel einer Fachtagung des DV Pflegewissenschaft 2002 in Berlin lautete. Eine Strategie ist, in erster Linie Aspekte wie Körperlichkeit und Leiblichkeit auf der einen und die Gestaltung des Beziehungsprozesses auf der anderen Seite zu thematisieren. In diesem Zusammenhang hat lange der Bezug auf *Ganzheitlichkeit* zum einen die Differenz zum ärztlichen Handeln nicht nur beschreiben, sondern vielmehr das Besondere der eigenen Orientierungs-

und Handlungslogik herausstreichen sollen. Dies funktioniert über die Konstruktion einer besonderen Beziehung zu den Patienten.

> *„Der ganzheitliche Blick der Pflegenden, genauer müsste man formulieren, die pflegerische Kommunikation, die den ganzheitlichen Blick erzeugt, macht einen Patienten mit Gefühlen, Emotionen, Leiden und einer eigenständigen Biographie sichtbar, der ab diesem Moment nicht mehr ignoriert werden kann. Sie stellen mit anderen Worten einen fühlenden Patienten erst her, indem sie kommunikativ auf ihn aufmerksam machen." (Findeiß 2008, S. 320)*

Das Originäre der Pflege wäre aus dieser Perspektive die Ganzheitlichkeit, der Blick auf den „ganzen" Menschen – was immer damit im Einzelnen gemeint sein mag. Anzumerken ist allerdings, dass Ganzheitlichkeit eine pflegerische Konstruktion ist, bei der die Patienten selbst zunächst gar nicht im Zentrum stehen. Ob diese tatsächlich in ihren gesamten Bezügen wahrgenommen werden wollen, hat keine Bedeutung. Es liegt an dieser Stelle die Vermutung nahe, dass die Pflege die Patientinnen nach ihrem Bilde modelliert. Ein Hinweis darauf könnte die Studie von Stefan Dreßke geben, der die Pflege in einem stationären Hospiz untersucht hat. Als problematisch erscheinen dort die Patienten, die sich der pflegerischen Beziehungsgestaltung entziehen. Distanz, Schweigen, Abwendung des Patienten werden als Scheitern der eigenen pflegerischen Strategie interpretiert. Wie auch immer man diese Beobachtungen interpretiert, deutlich wird, dass zu einer ganzheitlichen Pflege auch „ganzheitliche Patientinnen" gehören.

Hinzu kommt, dass der Begriff Ganzheitlichkeit vollkommen unbestimmt ist. Als zentrales Dogma des Ganzheitlichkeitstheorems kann der Satz gelten: „Das Ganze ist mehr als die Summe seiner Teile." Prominent geworden ist dieser Satz vor allem durch die Gestaltpsychologie, wenn sich seine Geschichte auch bis in die antike griechische Philosophie zurückverfolgen lässt. Aber weder ist klar, was dieses ominöse Ganze genauer bedeutet, noch wird deutlich, welches Verständnis von „Teil" zugrunde gelegt wird; und auch der Begriff der Summe wird eher unspezifisch gebraucht. Der Verweis auf Ganzheitlichkeit hatte in der Pflege auch keine analytische Funktion, vielmehr fungierte er als ein spezifischer Wert der Pflege, mit der ihre Besonderheit insbesondere von der Medizin proklamiert werden sollte. Mittlerweile wird nur noch selten auf den Begriff zurückgegriffen. Das liegt sicher auch an der pflegewissenschaftlichen Kritik dieses Konzepts, vor allem aber an der

Akademisierung der Pflege, die zur Differenzbeschreibung keinen diffusen Wert, sondern vielmehr eine eigene wissenschaftlich fundierte Fachlichkeit verwendet.

Akademisierung der Pflege

Die Akademisierung der Pflege in Deutschland ist im Vergleich zu anderen europäischen oder den Vereinigten Staaten eine nachholende Entwicklung. Erste Studiengänge entstanden (nach gescheiterten Modellprojekten in den 1980er Jahren in West- und den Studiengängen in Ostdeutschland) in den 1990er Jahren (in den USA am Anfang des 20. Jahrhunderts). Allerdings waren die Studiengänge zunächst – aus politischen Gründen – auf Fachhochschulen beschränkt und setzten zumeist eine einschlägige Berufsausbildung voraus. Zudem zielten die ersten Studiengänge weniger auf die primäre, personenbezogene Pflege, sondern vielmehr auf die Qualifizierung der Lehrerinnen und Lehrer für Pflegeberufe (Pflegepädagogik) und Leitungspersonen (Pflegemanagement). Damit waren Lehrerinnen für Pflegeberufe schlechter gestellt als ihre Kollegen an Berufsbildenden Schulen, für die ein Master-Abschluss vorgesehen ist und die damit tariflich höher eingruppiert werden. Von Anfang an stellte sich das Feld der Studiengänge durchaus heterogen dar, Curricula und Abschlüsse differierten in großem Maße. Dies hat sich auch in Folge der Bologna-Reform an den Hochschulen nicht grundlegend geändert. Im Gegenteil: Durch die konsekutive Bachelor-Master-Struktur kam es zu einer noch größeren Vielfalt von – teils spezialisierten – Angeboten und Abschlüssen. Inzwischen liegen für pflegebezogene Studiengänge ein pflegewissenschaftliches Kern-Curriculum und ein Fachqualifikationsrahmen vor, die die inhaltliche Ausrichtung der Studiengänge erleichtern und vergleichbar machen.

Zum Zeitpunkt der Abfassung dieses Buches wurde die Neufassung des Pflegeberufegesetzes beraten. Dieses sieht nun für die Berufsqualifikation entweder eine generalistische dreijährige Ausbildung vor oder ein mindestens dreijähriges Studium. Es wird zu beobachten sein, ob sich dieses – an die Praxis anderer Länder – anschließende Modell durchsetzen wird.

Ebenfalls von Interesse wird sein, wie sich das Nebeneinander von akademisch und beruflich qualifizierten Pflegenden in der Praxis gestaltet. Auch hierzu wurden Orientierungen entwickelt, damit eine Aufgabenteilung je nach Qualifikationsgrad ermöglicht wird. Geplant ist, dass akademisch ausgebildete Pflegefachpersonen stärker konzeptionelle, planerische, beratende und koordinierende Aufgaben übernehmen. Gleichwohl sind sie auch für pflegepraktische Aufgaben zuständig, die auch von dreijährig Ausgebildeten übernommen werden. Hier liegt durchaus Konfliktpotenzial. Wichtig ist, dass sich dreijährig Ausgebildete nicht als lediglich ausführende Pflegende „zweiter Klasse" verstehen, sondern sich mit ihrer fachlichen Kompetenz in den gesamten pflegerischen Prozess einbringen und umgekehrt auch als wichtige Verantwortliche wahrgenommen und geachtet werden. Vorgesehen ist, dass akademisch gebildete Pflegende z. B. in hochkomplexen Pflegesituationen oder für spezielle Felder eingesetzt werden sollen, etwa im Schmerzmanagement, und hierfür über die Fähigkeit verfügen, die besten Instrumente und Methoden zu recherchieren, um sie in der Pflegepraxis zu implementieren. Auf jeden Fall muss der Eindruck vermieden werden, dass der professionelle Anspruch allein den Akademisierten zugeschrieben wird.

In Kapitel 7 haben wir zwischen Pflege als zweckrationalem und als kommunikativem Handeln unterschieden. In diesem Sinne ist zu klären, welchem Handlungstyp sich eine akademisierte Pflege verpflichtet fühlt. In jenem Kapitel haben wir auch auf ein Technologiedefizit der Pflege hingewiesen. Dieser Punkt kann hier aufgegriffen werden. Von einem Technologiedefizit spricht Luhmann zwar im Blick auf die Pädagogik, aber das lässt sich auf die Pflege übertragen: Patientinnen und Bewohner sind keine Trivialmaschinen, die, wenn man den richtigen Input eingibt, die gewünschten Resultate liefern. Wie in der Pädagogik stehen auch in der Pflege Interaktionen im Mittelpunkt und die Betroffenen, seien es Schülerinnen oder zu Pflegende, sind als Ko-Produzenten – oder als die eigentlichen Produzenten – am Erfolg der Interaktion beteiligt. Diese Interaktionen sind jedoch nicht – und darin besteht unter anderem das Technologiedefizit – planerisch mit „guten Absichten" zu regulieren. Aber dieses Technologiedefizit ist letztlich kein Problem, sondern eine notwendige Bedingung der Pflege, da sich Menschen eben nicht wie Maschinen eindeutig berechnen und steuern lassen.

Selbstregulierung durch Kammern, Berufsverbände und Berufskodizes

Professionen zeichnen sich unter anderem dadurch aus, dass sie sich selbst regulieren. Sie legen Rechenschaft darüber ab, auf welchen Grundlagen ihre Arbeit beruht und welche Normen das Handeln der Professionellen bestimmen. Seinen Ausdruck findet das in Berufskodizes, die durch berufsständische Organisationen entwickelt und für ihre Mitglieder als verbindlich beschlossen werden. Solche Berufskodizes können eine Ethik der Pflege nicht ersetzen. Dazu sind sie zu allgemein formuliert und können daher spezifische Situationen nicht angemessen kontextuell erfassen.

Gleichwohl haben solche *Ethikkodizes* eine Funktion nach innen und außen. Nach außen dienen sie der Legitimation der Pflege und proklamieren deren Zuständigkeit für bestimmte Aufgaben. Der ICN z. B. schreibt der Pflege in seinem Ethikkodex von 2012 vier grundlegende Verantwortungsbereiche zu: „Gesundheit zu fördern, Krankheit zu verhüten, Gesundheit wiederherzustellen, Leiden zu lindern. Es besteht ein universeller Bedarf an Pflege." Nach innen definieren sie die Grenze dessen, was als Verhalten von Mitgliedern toleriert werden kann und was nicht. Der DBfK (Deutscher Berufsverband für Pflegeberufe) hat sich den oben genannten internationalen Kodex zu eigen gemacht. Dort wird formuliert: „Bei ihrer professionellen Tätigkeit fördert die Pflegende ein Umfeld, in dem die Menschenrechte, die Wertvorstellungen, die Sitten und Gewohnheiten sowie der Glaube des Einzelnen, der Familie und der sozialen Gemeinschaft respektiert werden." Auffallend ist, dass dem sonst so zentralen Wert der Autonomie der Patientinnen und Bewohner kein zentraler Rang eingeräumt wird. „Die Pflegende gewährleistet, dass die pflegebedürftige Person zeitgerecht die richtige und ausreichende Information auf eine kulturell angemessene Weise erhält, auf die sie ihre Zustimmung zu ihrer pflegerischen Versorgung und Behandlung gründen kann." Autonomie wird so auf informierte Zustimmung verkürzt und vor allem auf die Zustimmung zu Versorgung und Behandlung bezogen – und nicht auf das Recht auf Ablehnung bestimmter Maßnahmen.

Die Vertretung der Interessen der Pflegenden erfolgt über einschlägige *Berufsverbände* und *Gewerkschaften.* Die Mitgliedschaft ist jeweils freiwillig. Berufsverbände (wie z. B. der DBfK) verstehen sich als Interessensvertretung, die fachliche Konzepte, Beratung und Angebote der Fort- und Weiterbildung ebenso umfasst wie z. B. rechtliche Beratung. Allerdings sind Berufsverbände keine Tarifpartner, dies sind die Gewerkschaften, im Bereich der Pflege Ver.di.

Im Gegensatz zu den Berufsverbänden ist die Mitgliedschaft in einer *Pflegekammer* nicht freiwillig. Kammern sind, so sie in Bundesländern eingerichtet werden, Körperschaften des öffentlichen Rechts. Der Gesetzgeber weist ihnen bestimmte Aufgaben zu. Grundsätzlich hat eine Kammer gegenüber den Bürgerinnen und Bürgern professionelle Pflege zu ermöglichen, zu sichern und gegebenenfalls zu überwachen. Dies geschieht unter anderem durch die Verabschiedung einer Berufsordnung, in der Berufsbild und -aufgaben definiert, Qualitätsstandards und berufliche Pflichten festgelegt und die Fortbildungsverpflichtungen geregelt werden. In diesem Sinne sind Kammern Organe der Selbstregulierung des Berufsstandes. Die Berufsmitglieder benötigen zur Berufsausübung eine Registrierung bei der Kammer. Diese wiederum überwacht, ob die Mitglieder über die nötigen Voraussetzungen für die Berufsausübung verfügen oder gegen Richtlinien – auch ethischer Art – verstoßen; in diesem Fall besteht die Möglichkeit, Mitglieder nach einem geregelten Verfahren auszuschließen. Sie verlieren dann das Recht, als Gesundheits- und Krankpflegerin oder -pfleger (künftig: Pflegefachfrau und -fachmann) beschäftigt zu werden.

Als Instrument der weiteren Professionalisierung der Pflege und als Organ ihrer beruflichen und fachlichen Autonomie ist die Einrichtung von Kammern natürlich zu begrüßen. Gleichwohl werden Kritikpunkte genannt – die nicht allein die Pflege, sondern zum Teil auch andere Berufsgruppen betreffen, die in Kammern organisiert sind. Zum einen ist dies die Frage der faktischen Zwangsmitgliedschaft. Das Recht, den Beruf auszuüben, wird so nicht allein an eine entsprechende Qualifikation, sondern auch an die Mitgliedschaft in einer Organisation gekoppelt, für die das Mitglied einen Beitrag bezahlen muss. Kritiker wenden ein, dass dies gegen das grundgesetzliche Recht auf freie Berufsausübung verstößt. In Deutschland allerdings ist dies rechtens. Grundsätzlicher noch ist der Einwand, dass Kammern weniger die Gesellschaft vor nichtprofessioneller Tätigkeit schützen, sondern vielmehr die Berufsführung monopolisieren und damit unerwünschte Konkurrenz ausschließen. In manchen Ländern (z. B. USA) ist die deutsche Berufsqualifikation allein nicht ausreichend, um eine Kammerzulassung zu erhalten. Ob sich in Konfliktfällen Standes- mit gesellschaftlichen Interessen decken, ist zudem mehr als fraglich.

Zielbestimmungen der Pflege

Eine Berufsordnung regelt Berufsbild und -aufgaben. Damit wird die Frage gestellt, was gute Pflege ausmacht und über welche Kompetenzen Berufstätige verfügen (sollten); die letzte Frage haben wir bereits in Kapitel 5 diskutiert. Professionelles pflegerisches Handeln hat ein Ziel. Es will wie jedes menschliche Handeln gelingen und nicht missglücken. Allerdings verfügen wir – sei es im beruflichen Handeln oder im Alltag – über ein ganzes Bündel von Zielvorstellungen. Das ist meist unproblematisch, kann aber zu Konflikten führen, wenn Ziele einander widersprechen (wenn z. B. im Privaten die Alternative Karriere oder Familie auftaucht). Spätestens dann stellt sich die Frage nach einer Hierarchisierung der Ziele, nach der Bewertung der Werte und Güter, die angestrebt werden. Diese allgemeinen Fragen stellen sich ebenso für die Zielbestimmungen und Gelingenskriterien der Pflege. Wir bewegen uns bei einer Antwort auf diese Fragen in der Sphäre der Werte und Güter.

Ganz allgemein werden mit *Werten* Vorstellungen bezeichnet, die in einer Gesellschaft akzeptiert werden und sich auf das beziehen, was erstrebt und anerkannt wird. Werte sind von Akten der Wertschätzung abhängig. Deshalb sind sie relativ zu historischen, kulturellen und gesellschaftlichen Bedingungen. Daher ist es fraglich, ob und wie eine über diese Kontexte hinausgehende Begründung von Werten überhaupt gelingen kann. Es stellt sich das Problem, wie sich Werte ihrerseits noch einmal bewerten lassen; ob es möglich ist, so etwas wie eine Wertehierarchie zu erstellen, die helfen könnte, Wertkonflikte zu entscheiden. Trotzdem wird der Wertbegriff vor allem in politischen Zusammenhängen immer wieder gebraucht, um historisch kontingente Gebilde wie Nationen als Wertegemeinschaften zu integrieren bzw. den Zusammenhalt dieser Nationen an eine durch Werte begründete Leitkultur zu binden. Auch hier lässt sich beobachten, dass sich in allen gesellschaftlichen und kulturellen Bereichen Werte historisch wandeln. Wird der Wertbegriff polemisch gegen diesen Wandel gesetzt, erhält er eine konservative oder sogar restaurative Tönung und gerät leicht unter Ideologieverdacht.

Unter *Gütern* versteht man in der Ethik ganz allgemein die Ziele menschlichen Strebens. Klassisch ist die Güterlehre des Aristoteles, der in der „*eudaimonia*", der Glückseligkeit, das höchste Ziel des Lebens sieht. Die Übersetzung mit „Glückseligkeit" klingt etwas altbacken. Trotzdem ist es gut, daran festzuhalten, denn „Glück" kann in der deutschen Sprache Unterschiedliches heißen: Glück im Sinne des glücklichen Zufalls (der sprichwörtliche Sechser im Lotto) oder der Zustand des Glücklichseins. Das eine Mal hat man Glück, das andere Mal ist man glücklich. Realistisch sieht Aristoteles, dass auch das Glücklichsein von äußeren Umständen abhängen kann. Aber im Kern geht es ihm um einen Zustand der Seele, der das Ganze des Lebens bestimmt.

Schwierigkeiten entstehen, wenn man genauer fragt, was dieses Glücklichsein näher kennzeichnet. Seit der Antike wird das Lustvolle mit dem Guten in Verbindung gebracht, wenn nicht sogar gleichgesetzt. Dann aber stellt sich die Frage, ob das Gute angestrebt wird, weil es gut ist, oder ob es angestrebt wird, weil es Lust bereitet. Offensichtlich ist das nicht dasselbe. Denn es ist die Frage, ob das, was Lust bereitet, deswegen auch gut ist. Deutlich wird, dass es Kriterien bedarf, die näher bestimmen, was denn als „Gut" gelten soll.

In der neueren Diskussion wird die Frage nach dem Ziel menschlichen Strebens neu gestellt. Im Rückgriff auf antike Traditionen ist es insbesondere Philippa Foot, die eine Orientierung am Guten vertritt. Glück, als Ziel des Strebens, wird von ihr verstanden als Freude am Guten, sowohl beim Verfolgen richtiger Ziele als auch bei deren Erreichen. Strebensethischen Ansätzen geht es um die Zielbestimmungen menschlichen Handelns. Nicht an den Absichten, sondern an den Ergebnissen entscheidet sich die Qualität einer Handlung oder Norm. Die Theorie, die diese Perspektive am klarsten formuliert, ist zugleich auch eine der einflussreichsten: der Utilitarismus.

Die Besonderheit des *Utilitarismus* (von lat. *utilitas,* Nutzen) ist, dass er Handlungen oder Normen nicht an sich beurteilt, sondern hinsichtlich des Nutzens, den sie erbringen bzw. zu erbringen versprechen. Seinen Ursprung hat er im aufgeklärten Bürgertum Großbritanniens im 19. Jahrhundert. Er entstammt aus einer Verbindung sozialer Reformprojekte und ihrer philosophischen Reflexion und ist mit Forderungen nach Toleranz und politischer Partizipation, nach Meinungs- und Religionsfreiheit, nach effizienter staatlicher Bürokratie und einer liberalen Marktwirtschaft verbunden. Ein Kennzeichen dieser Orientierung ist der Bezug auf den gesunden Menschenverstand (Common-Sense).

Der Utilitarismus urteilt streng rational, es geht um die rationale Abwägung von Handlungsalternativen oder handlungsleitenden Normen anhand von vier Kriterien: die Beurteilung der Folgen einer Handlung *(Konsequenzprinzip)*, die an ihrem Nutzen gemessen werden *(Utilitätsprinzip)*. Zudem sind nicht beliebige Ziele ausschlaggebend, sondern nur solche, die in sich gut sind – vor allem die Bereitung von Lust und die Vermeidung von Unlust bzw. die Befriedigung legitimer Interessen *(hedonistisches Prinzip)*. Schließlich geht es nicht um einen rationalen Egoismus, sondern um das Wohlergehen aller von einer Handlung betroffener Personen *(Sozialprinzip)*. In der bekannten Kurzformel ausgedrückt: Es geht um das größtmögliche Glück der größtmöglichen Zahl.

Oft wird dem Utilitarismus vorgeworfen, es gehe in ihm ausschließlich um die Nutzenmaximierung unabhängig von Fragen der Gerechtigkeit. Dieser Vorwurf ist falsch, denn Konflikte zwischen Utilitäts- und Sozialprinzip werden keinesfalls immer zulasten des letzteren entschieden. Dass bei der Güterverteilung Fairness zu gelten habe, ist im utilitaristischen Denken weitgehend unstrittig. Offen ist allerdings die Frage, welchem Prinzip grundsätzlich der Vorrang gebührt. Für die Ethik der Pflege ist dieser Ansatz deshalb von besonderem Interesse, weil er Kosten-Nutzen-Kalkulationen einen zentralen Stellenwert einräumt. Wenn diese nicht ökonomistisch missverstanden werden, sind sie dem Alltag der Pflege nicht fremd. Viele Entscheidungen haben die Form einer *Güterabwägung*. Es ist dann nicht die Frage nach gut oder schlecht, sondern es geht um ein Mehr oder Weniger. Allerdings gibt es im Rahmen des Utilitarismus keine ausgearbeitete Theorie, wie die Güter oder die Übel, die es abzuwägen gilt, selbst zu bewerten sind. Nutzen ist ja kein Gut an sich, sondern bezieht sich auf die Dinge, die angestrebt werden. Deswegen bedarf der Utilitarismus zumindest einer Ergänzung durch Ansätze, die auf die Frage des Guten einen besonderen Wert legen.

Die Ziele der Pflege lassen sich im Blick auf den ICN-Kodex als Förderung, Erhalt und Wiedererlangung der Gesundheit und – wenn dies nicht möglich ist – als Linderung von Leiden beschreiben. Hinzuzufügen ist auf jeden Fall: die Förderung, der Erhalt und die Wiedererlangung von Autonomie und – wenn dies nicht möglich ist – die menschenwürdige Begleitung, die auch dann noch die Person achtet, wenn sie zur autonomen Lebensführung nicht mehr in der Lage ist. Allerdings können die Ziele miteinander kollidieren. Z. B. sind Maßnahmen der Sturzprophylaxe nicht immer mit der freien Selbstbestimmung vereinbar; manche Pflegende proklamieren deswegen – und das ist nicht zynisch gemeint – das Recht auf den eigenen Sturz. Noch so wohlwollende Maßnahmen lassen sich nicht gegen den Willen einer Person rechtfertigen, selbst wenn dies deren Wohl dient – in Kapitel 7 haben wir das bereits ausgeführt.

Professionelle Haltungen

Der ICN-Kodex formuliert als Grundhaltungen der Pflegenden „Respekt, Aufmerksamkeit und Eingehen auf Ansprüche und Bedürfnisse, sowie Mitgefühl, Vertrauenswürdigkeit und Integrität". Andreas Lob-Hüdepohl nennt in seiner „Ethik Sozialer Arbeit" vier Haltungen, die das unseres Erachtens präziser auf den Punkt bringen und auf die Pflege übertragen werden können: Aufmerksamkeit, Achtsamkeit, Assistenz und Anwaltschaftlichkeit.

Aufmerksamkeit bezieht sich auf die Situation und Lage der Patientinnen oder der Bewohnerinnen. Sie kommen als konkrete Personen in den Blick der Pflege und nicht als „Fälle von". Aufmerksamkeit ist so eine Qualität der Begegnung, die Missachtung und Geringschätzung, aber auch Gleichgültigkeit vermeidet und stattdessen die jeweilige Person in ihrer Besonderheit anerkennt und achtet.

Achtsamkeit zielt darauf, die Möglichkeiten und Ressourcen zu erkennen, zu würdigen und gegebenenfalls wiederherzustellen. Achtsamkeit erkennt die Restriktionen, denen eine Person in einer bestimmten Situation unterliegt, ohne die Person auf diese Beschränkungen zu reduzieren. Anders formuliert: Achtsamkeit reduziert das Gegenüber nicht auf das Bild, das man sich von ihm oder ihr macht, sondern ist offen für Überraschungen und stellt sich immer wieder neu auf die Person ein.

Assistenz erkennt die Autonomie der zu Pflegenden an. Auch wenn die Person auf die Versorgung durch Professionelle angewiesen ist, ist diese Versorgung assistierend und nicht entmündigend gestaltet. Trotz professionellen

Wissens weiß die Pflege nicht, was besser für Betroffene ist, sondern unterstützt die autonome Lebensführung und ersetzt sie nicht.

Anwaltlich verhält sich Pflege, wenn Betroffene nicht mehr oder aktuell nicht in der Lage sind, ihre eigenen Wünsche zu artikulieren und nach eigenen Vorstellungen zu leben – oder zu sterben.

Literatur

Dallmann, Hans-Ulrich (2009): Reaktionen der Pflege auf den biomedizinischen Fortschritt. Die Funktion der Rede von Ganzheitlichkeit für die Positionierung der Pflege, in: Susanne Dungs, Uwe Gerber, Eric Mührel (Hrsg.) – Biotechnologie im Kontext der Sozial- und Gesundheitsberufe. Professionelle Praxen – Disziplinäre Nachbarschaften – Gesellschaftliche Leitbilder, Frankfurt (Peter Lang), S. 233–252.

Deutscher Pflegerat/Deutsche Gesellschaft für Pflegewissenschaft (2014): Arbeitsfelder akademisch ausgebildeter Pflegefachpersonen, Berlin, http://www.deutscher-pflegerat.de/presse/Pressemitteilungen/2014-12-09_PP_dpr_dgp_arbeitsfelder-akademisch-ausgebildeter-pflegefachpersonen_08-14.pdf, Zugriff 1.2.2016.

Dreßke, Stefan (2008): Die Herstellung des „guten Sterbens". Arbeit an der Identitätssicherung im Hospiz, in: Irmhild Saake, Werner Vogd (Hrsg.): Moderne Mythen der Medizin. Studien zur organisierten Krankenbehandlung, Wiesbaden (Verlag für Sozialwissenschaften) 2008, S. 215–235.

Findeiß, Anja (2008): „Die Ganzheitlichkeit der Pflege. Ein notwendiger Mythos klinischer Organisationen, in: Irmhild Saake, Werner Vogd (Hrsg.): Moderne Mythen der Medizin. Studien zur organisierten Krankenbehandlung, Wiesbaden (Verlag für Sozialwissenschaften) 2008, S. 307–325.

Foot, Philippa (2004): Die Natur des Guten, Frankfurt (Suhrkamp).

Honneth, Axel (1992): Kampf um Anerkennung. Zur moralischen Grammatik sozialer Konflikte, Frankfurt (Suhrkamp).

Hülsken-Giesler, Manfred; Brinker-Meyendriesch, Elfriede; Keogh, Johann; Muths, Sabine; Sieger, Margot; Stemmer, Renate et al. (2010): Kerncurriculum Pflegewissenschaft für pflegebezogene Studiengänge – eine Initiative zur Weiterentwicklung der hochschulischen Pflegebildung in Deutschland, in: Pflege & Gesellschaft 15/2010, S. 216–236.

Hülsken-Giesler, Manfred (Hrsg.) (2013): Fachqualifikationsrahmen Pflege für die hochschulische Bildung. (FQR Pflege 6–8). Unter Mitarbeit von Bärbel Dangel und Johannes Korporal, Berlin (Purschke + Hensel).

International Council of Nurses (2012): ICN-Ethikkodex für Pflegende, http://www.pflege-charta-arbeitshilfe.de/fileadmin/de.pflege-charta-arbeitshilfe/content_de/Dokumente/material/M5-ICN-Ethikkodex-DBfK_.pdf, Zu-griff 25.1.2016.

Lob-Hüdepohl, Andreas (2007): Berufliche Soziale Arbeit und die ethische Reflexion ihrer Beziehungs- und Organisationsformen, in: Andreas Lob-Hüdepohl, Walter Lesch (Hrsg.): Ethik Sozialer Arbeit. Ein Handbuch, Paderborn (Schöningh) 2007, S. 113–161.

Luhmann, Niklas; Schorr, Karl Eberhard (1982): Das Technologiedefizit der Erziehung und die Pädagogik, in: Niklas Luhmann, Karl Eberhard Schorr: Zwischen Technologie und Selbstreferenz. Fragen an die Pädagogik, Frankfurt (Suhrkamp), S. 11–40.

Moses, Simone (2015): Akademisierung der Pflege in Deutschland, Bern (Huber).

Oevermann, Ulrich (2002): Professionalisierungsbedürftigkeit und Professionalisiertheit pädagogischen Handelns, in: Margret Kraul, Winfried Marotzki, Cornelia Schwepper (Hrsg.): Biografie und Profession, Bad Heilbrunn (Klinkhardt), S. 19–63.

Saake, Irmhild (2003): Die Performanz des Medizinischen. Zur Asymmetrie der Arzt-Patienten-Interaktion, in: Soziale Welt 54/2003: S. 429–459.

Weidner, Frank (1999): Was bedeutet Professionalisierung für die Pflegeberufe - Annäherungen an einen strapazierten Begriff, in: Sauter, Richter (Hrsg.) - Experten für den Alltag, Bonn 1999, S. 18–39.

Kapitel 11. Die gute Pflegewissenschaft und -forschung

Die Akademisierung der Pflege gehört mit ihrer Professionalisierung untrennbar zusammen. Wissenschaft ist aber nicht neutral gegenüber der Art und Weise, wie sie betrieben wird – und auch nicht neutral gegenüber der Anwendung, in der wissenschaftliches Wissen umgesetzt wird.

Erkenntnis und Interesse

Soziale Systeme verfügen über die Fähigkeit, sich reflexiv auf sich selbst zu beziehen und auf diese Weise *Selbstbeschreibungen* anzufertigen, an denen sie sich orientieren. In der Gegenwart haben diese Selbstbeschreibungen meist die Form wissenschaftlicher Theorien. Unabhängig davon, ob sich die Pflege innerhalb des Gesundheitssystems als autonomes System ausdifferenziert hat oder nicht, orientiert sie sich in ihrer Praxis an Selbstbeschreibungen, die in immer stärkerem Maße wissenschaftlich ausgerichtet sind. In diesem Sinn dient die Pflegewissenschaft der Selbststeuerung der pflegenden Praxis.

Um Selbststeuerung zu ermöglichen, beinhaltet die Pflegewissenschaft evaluative, bewertende Anteile. Sie setzt ein Verständnis davon voraus, was eine gelingende Praxis ausmacht, und sie enthält Kriterien, um Fehlentwicklungen zu kritisieren. Wissenschaften, die zur Steuerung von Praxis beitragen, können deshalb nicht ethisch neutral sein. Sie können sich allenfalls unter Postulaten wie Wertfreiheit oder Reinheit der Wissenschaft selbst darüber täuschen, dass diese Vorstellungen gelingender Praxis eben nicht Gegenstand der reinen Empirie sind, sondern an diese normative Maßstäbe anlegen, die einer eigenen Reflexion bedürftig und fähig sind. Es ist ein gängiger Gegenstand wissenschaftstheoretischer Kritik, dass Wissenschaft und Forschung immer von bestimmten Interessen geleitet sind und dass sich diese Interessen umso ungehinderter durchsetzen, als sie unreflektiert ausgeblendet werden.

Der Philosoph und Soziologe Jürgen Habermas hat plausibel machen können, dass die Formen menschlicher *Erkenntnis* von spezifischen *Interessen* geleitet sind. Diese Interessen sind aber nicht in erster Linie subjektiv oder gar egoistisch, sie beziehen sich vielmehr auf unterschiedliche Notwendigkeiten, die für die Reproduktion der menschlichen Gattung unverzichtbar sind. Habermas nennt zunächst das technische Erkenntnisinteresse, das auf die materielle Reproduktion (Arbeit) bezogen ist und sich letztlich an der Verwertbarkeit der Ergebnisse orientiert; verkörpert ist dieses Interesse insbesondere in den empirisch-analytischen Wissenschaften. Das praktische Interesse wurzelt in der sprachlich vermittelten Interaktion und zielt auf Verständigung und Handlungskoordinierung; verkörpert ist dieses Interesse vor allem in den historisch-hermeneutischen Wissenschaften. Schließlich werden diese Interessen flankiert von einem emanzipatorischen Erkenntnisinteresse, das sich auf Störungen und Verformungen menschlicher Praxis bezieht und sich als Kritik darstellt; verkörpert ist dieses Interesse vor allem in den kritischen Sozial- und Humanwissenschaften. Beispielhaft nennt Habermas hier die Psychoanalyse und die kritische Gesellschaftstheorie.

Wegen dieser jeweils typischen Interessen ist die Diskussion darüber, ob sich die noch junge Pflegewissenschaft eher am technischen Erkenntnisinteresse der empirisch-analytischen Wissenschaften oder am emanzipatorischen der kritischen Sozialwissenschaften orientiert, nicht im schlechten Sinn „akademisch". Vielmehr steht zur Debatte, welchem Selbstverständnis sie verpflichtet ist – und wie eine daran ausgerichtete Praxis aussehen soll. Diese Frage hat auch Auswirkungen auf die Wahl der jeweiligen Forschungsmethodik. Ohne dass eine einfache Zuordnung getroffen werden könnte, zeigt sich doch eine gewisse Nähe der ersten Orientierung zu quantitativ ausgerichteten und der zweiten zu eher qualitativ ausgerichteten Forschungsmethoden. In der Wissenschaftspraxis werden beide Ausrichtungen nebeneinander ihren Platz behalten, umstritten bleibt jedoch zunächst, welche der beiden Orientierungen prägenden Charakter für die Disziplin erhält.

Die Diskussion um den richtigen Forschungsansatz, eher quantitativ oder qualitativ, wird in der Pflegewissenschaft und -forschung schon lange geführt. Aus der Medizin mit einem fast ausschließlich naturwissenschaftlichen Zugang liegen Hierarchien zur Evidenz von Studien vor, die vor allem quantitative Forschungen und hier insbesondere randomisierte kontrollierte Interventionsstudien (RCT) bzw. Metaanalysen von RCTs als höchste Stufe bewerten. Qualitative Ansätze nehmen nach diesen Hierarchien eine eher untergeordnete Position ein. Inzwischen sind diese Kontroversen innerhalb der Pflegewissenschaft weitgehend ausgeräumt, unterschiedliche Ansätze werden anerkannt und oft in Ergänzung angewendet (Triangulation).

Es kommt aber eine weitere Problematik hinzu, die inzwischen vermehrt diskutiert wird. Für Interventionsstudien werden bestimmte Vorgaben gemacht, die ebenfalls stark durch die Naturwissenschaften festgelegt, aber für komplexe Interventionen, wie sie in der Pflege angewendet werden, oft ungeeignet sind. Vereinfacht gesagt: Die Wirkung pharmakologischer Interventionen verlangt andere methodische Verfahren als eine Interventionsstudie zur Wirkung von Fallbesprechungen, die in ihrer Gestaltung erheblich variieren kann und auch muss. Schwächen in Standardisierung und Kontrolle werden nicht allein negativ als Mangel gewertet, sondern als notwendige Praxiserfahrungen einbezogen und evaluiert.

Teilweise führen die engen Sichtweisen sowohl dazu, dass Forschungsgelder nur erschwert zu akquirieren sind als auch dazu, dass die Veröffentlichung erschwert und damit die Reputation der Forscher gemindert ist, da auch hier insbesondere bei Zeitschriften mit hoher Anerkennung und Beachtung (Impact-Faktor) nur allzu oft das naturwissenschaftliche Paradigma bestimmend ist.

Das Verständnis der Pflegeethik, das in Kapitel 1 entfaltet wurde, ist in seiner hermeneutischen Dimension dem praktischen und in seiner kritischen Dimension dem emanzipatorischen Erkenntnisinteresse verpflichtet. Verstehen und Kritik sind die Hauptelemente ethischer Reflexion. Selbstverständlich kann die Pflegeethik die Pflegewissenschaft nicht ersetzen. Sie ist auch keine Anleitung für eine „bessere" Pflegewissenschaft. Allerdings öffnet sie die Pflegewissenschaft für eine Reflexion ihrer evaluativen Dimensionen, die immer dann zum Thema werden, wenn sich die Frage stellt, was gute Pflegewissenschaft und -praxis ist.

Forschungsethik

Die Wissenschaftlichkeit der Pflege erweist sich auch in ihrer spezifischen pflegebezogenen Forschungspraxis. Hierzulande ist die Pflegeforschung noch ein relativ neues Gebiet. Die fehlende Akademisierung trug dazu ebenso bei wie massive Vorbehalte vonseiten der Medizin. Empirische Forschung benötigt eine ethische Reflexion und Begrenzung. Offensichtlich geworden ist die Notwendigkeit einer ethischen Begrenzung der Forschung spätestens mit den Nürnberger Ärzteprozessen 1946 bis 1947, bei denen 20 NS-Ärzte und -Ärztinnen wegen Verbrechen gegen die Menschlichkeit angeklagt wurden. Einige der Angeklagten waren an unfreiwilligen Menschenversuchen beteiligt, bei denen systematisch KZ-Häftlinge ermordet wurden (z. B. Unterdruckexperimente, Fleckfieber-Impfversuche).

Für die Pflege hat die Deutsche Gesellschaft für Pflegewissenschaft einen Entwurf für einen diesbezüglichen Ethikkodex vorgelegt, der sich eng am Buch von Martin W. Schnell und Charlotte Heinritz orientiert. Wir werden im Folgenden die wichtigsten Punkte skizzieren. Grundsätzlich basiert die Forschungsethik auf menschenrechtlichen Prinzipien der Menschenwürde und damit der Autonomie der Person. Deswegen ist die Freiwilligkeit der Teilnahme das zentrale Prinzip. Damit ist gleichzeitig deutlich, dass die Forschung mit und an nichteinwilligungsfähigen Menschen der besonderen Beschränkung und Begründung bedarf. Im engeren forschungsethischen Sinn formulieren Schnell und Heinritz acht Prinzipien.

Zunächst sind die Forschenden verpflichtet, die *Notwendigkeit* ihrer Forschung zu begründen. Dazu muss ein Projekt erwarten lassen, dass neue Ergebnisse erzielt werden, die grundsätzlich für zu Pflegende nützlich sein können. Forschung ist in diesem Sinn kein Selbstzweck, sondern erhält ihre Berechtigung durch den Nutzen, den sie in der Praxis stiften kann. Das zweite Prinzip bezieht sich auf die *Ziele der Forschung,* die *Klärung der Mitwirkung* der Beteiligten und den Aufwand, den diese damit auf sich nehmen. Hintergrund ist hier das Prinzip des Informed Consent, das bereits in Kapitel 6 angesprochen wurde. Da jede Forschung in den persönlichen Lebensbereich eingreift, sind Mitwirkende umfänglich über Ziele und Absichten, aber auch über die Art und den Umfang ihrer Teilnahme zu informieren. In diesen Zusammenhang gehört auch das dritte Prinzip, die *Explikation des methodischen Vorgehens.* Unterschiedliche Forschungsmethoden haben unterschiedliche ethische Implikationen. Teilnehmende Beobachtung z. B. kann das Verhalten der beobachteten Personen beeinflussen, biografische Interviews können verdrängte Traumata aktualisieren, bei Gruppeninterviews können gruppendynamische Spannungen entstehen und so weiter.

Ein viertes Prinzip ist die *Einschätzung relevanter Folgen* für die Beforschten verbunden mit einem *ethischen Verhalten der Forschenden.* Patientinnen oder Bewohner sind Personen und keine Forschungsobjekte, auch wenn mit ihnen geforscht wird. Sie sind und bleiben Subjekte ihrer Lebensführung. Forschung kann *nichtintendierte Nebenfolgen* haben, wie beim dritten Prinzip bereits angemerkt. Von den Forschenden muss deswegen erwartet werden, dass sie für solche Nebenwirkungen sensibel und wachsam sind. Dies erfordert – zumindest in einigen Settings – eine vertrauensvolle Beziehung zwischen Forschenden und ihren Probandinnen und Probanden. Dazu gehört auch, dass immer klar sein muss, dass diese die *Teilnahme an der Forschung abbrechen können,* ohne dafür Gründe nennen zu müssen. Weitere Elemente dieses Prinzips sind die *Gleichbehandlung* der Teilnehmenden und die Vermeidung von Diskriminierung aufgrund von Alter, Geschlecht, geschlechtlicher Orientierung, sozialer Schicht, Nationalität, Religion oder Kultur. Auf der Basis dieser Einschätzung wird als fünftes Prinzip die *ethische Prognose* genannt. Dafür ist es notwendig zu prüfen, ob besonders vulnerable (also verletzbare) Personen oder Personengruppen einbezogen sind. Gründe für eine *besondere Vulnerabilität* können z. B. Hochaltrigkeit, Pflegeabhängigkeit, eine besondere Lebenslage, besondere Belastungen, Druck oder Ängste sein. Ob tatsächlich Schädigungen auftreten, ist für diese Prüfung nicht relevant, es geht vielmehr darum, die Risiken hierfür nach Möglichkeit auszuschließen. Das Konzept der Vulnerabilität birgt die Gefahr der Stigmatisierung: Bestimmte Personen oder Gruppen können so als problematisch, als hilflos oder als besonders belastet dargestellt werden, unabhängig davon, ob diese Zuschreibung im Einzelfall überhaupt zutrifft.

Das sechste Prinzip zielt darauf, eine *Prävention* gegenüber diesen Risiken vorzunehmen. Dazu gehört eine verantwortliche Auswahl der Teilnehmenden ebenso wie das Ergreifen von Schutzmaßnahmen und die Einbeziehung von Krisenintervention. Dazu kann es notwendig sein – auch bei der Nachsorge –, andere Berufsgruppen wie Psychologinnen oder Seelsorger einzubeziehen. Insgesamt sollen Ort und Zeitpunkt so gewählt werden, dass Belastungen möglichst gering sind.

Schließlich geht es beim siebten Prinzip um die *Wahrhaftigkeit* der Forschenden bezüglich des Nutzens des jeweiligen Vorhabens. Dazu gehört auch, dass Teilnehmende nicht manipuliert werden, indem ihnen eine besondere Wichtigkeit suggeriert wird, die dann z. B. zu einer Hemmung führt, nicht teilzunehmen oder abzubrechen. Der achte und letzte Punkt bezieht sich auf die Beachtung *datenschutzrechtlicher Bestimmungen,* die selbstverständlich auch die Anonymisierung der Daten notwendig macht (was bei einigen Methoden bei einer Veröffentlichung nicht unproblematisch sein kann).

Gütekriterien der Forschung

„Wahrheit ist die Erfindung eines Lügners." Dieser Spruch des radikalen Konstruktivisten Ernst von Foerster bringt die Position der erkennungstheoretischen Skepsis auf den Punkt. Der Satz ist aber paradox konstruiert. Wenn die Wahrheit die Erfindung eines Lügners ist, ist es dann auch eine Lüge, dass die Wahrheit die Erfindung eines Lügners ist? Dieses Paradox ist mit der skeptischen Position unausweichlich verbunden. Denn ein Skeptiker müsste auch seiner Skepsis skeptisch gegenüberstehen. Wie dem auch sei. Die Frage nach der *Wahrheit* begleitet die Menschen, seit sie angefangen haben, die Welt erkennen zu wollen. Mag auch die Frage nach *der* Wahrheit letztlich unbeantwortet bleiben, im Alltag wissen wir schon, zwischen wahren und falschen Aussagen zu unterscheiden.

Wissenschaft erhebt den Anspruch, Aussagen über die Welt zu treffen, die von den Adressaten als wahr akzeptiert werden. Ohne zwischen wahren und falschen Aussagen zu unterscheiden, wäre es uns nicht möglich, uns über irgendetwas zu verständigen. Nun müssen die wahren Aussagen über die Welt nicht für alle Zeiten wahr sein. Das widerspricht zwar einem absoluten Wahrheitsverständnis, ist uns aber aus unseren Erfahrungen mit Wissen und Wissenschaft nur zu vertraut. Die Wissensbestände, die die Wissenschaft angehäuft hat, sind mit einer Halbwertszeit versehen: Was gestern noch galt, ist morgen schon alt. Dies untergräbt aber nicht den Anspruch, gegenwärtig kritisch zu prüfen, ob das, was wir wissen, und das, was als neues Wissen formuliert wird, im Licht unserer derzeitigen Erkenntnis als wahr anerkannt werden kann.

Für diese Prüfung benötigen wir allerdings Maßstäbe. Diese können nicht allein aus unserem bisherigen Wissen bestehen, sonst wäre ja jede Erkenntnis, die diesem widerspricht, mit Notwendigkeit falsch. Darum hat die moderne Wissenschaft *formale Kriterien* aufgestellt, die eine methodische Prüfung von Aussagen ermöglichen. Das bringt allerdings eine starke Einschränkung mit sich: Alle Aussagen, die sich nicht methodisch prüfen lassen können, sind dann nicht wahrheitsfähig. Das wiederum steht in Konflikt mit unserem Alltagswissen und unserer Alltagskommunikation. Für unseren Zweck kann es aber ausreichen, einer bestimmten Form moderner Wissenschaft einen eingeschränkten Raum der Wahrheit zuzugestehen, der sich auf überprüfbare Aussagen beschränkt.

Um überprüfbar zu sein, muss die Art und Weise, wie man zu (neuen) Erkenntnissen gekommen ist, von anderen Personen *wiederholt werden können*. Man muss den Erkenntnisprozess also nachvollziehen können. Bei empirischen Untersuchungen bedeutet das, dass andere Personen mit der gleichen Methode und dem gleichen Kontext zu hinreichend ähnlichen Ergebnissen kommen würden. In den Naturwissenschaften kommt es deshalb auf die genaue Darstellung des Versuchsaufbaus an, in den Sozialwissenschaften auf die genaue Darstellung der Datenerhebung und der Dateninterpretation. Insbesondere für die *quantitative Sozialforschung* werden die Kriterien der Validität, Reliabilität und Objektivität angeführt. *Validität* lässt sich mit Gültigkeit übersetzen. Die Frage ist z. B., ob ein Messinstrument (eine Skala, ein Fragebogen) auch das misst, was es messen soll. Im Blick auf die Folgerungen, die aus solchen Messungen gezogen werden, stellt sich die Frage, ob die Beziehung zwischen Faktoren tatsächlich das Ergebnis bewirkt. *Reliabilität* bedeutet im Wesentlichen Reproduzierbarkeit. Handelt es sich beim gemessenen Ergebnis um einen Zufallsbefund oder führen wiederholte Messungen zu einem gleichen Ergebnis? *Objektivität* schließlich bedeutet, dass die Ergebnisse unabhängig vom jeweiligen Beobachtenden sind. Diese Kriterien sollen sicherstellen, dass sich die Gemeinschaft der Forschenden über die Wahrheit von Aussagen, die aus entsprechenden Messungen gefolgert werden, verständigen kann.

Es ist offensichtlich, dass diese Kriterien nicht so einfach auf qualitative Forschung übertragen werden können. *Qualitative Methoden* sind gekennzeichnet durch *Offenheit, Flexibilität,* die *Einbeziehung des Kontextes* und die *Nähe zur Lebenssituation* der Informanten. Damit wird deutlich, dass beispielsweise Interviews nicht reproduziert werden können, da die Situation jeweils unterschiedlich ist. Beim zweiten Mal würde die Befragte nicht dieselben Antworten geben, zumal es in der Qualitativen Forschung, um Erleben, um Einschätzungen oder um Erinnerungen geht. Umso wichtiger ist es daher, die Entscheidungen im Forschungsprozess für die Auswahl der Methoden sowie die Interpretation der Daten transparent und nachvollziehbar dazulegen.

Allerdings gibt es keine letztgültige oder gar „objektive" Interpretation, die kausal aus dem Gesagten einen unumstößlichen Schluss zieht. Insofern werden auch andere Gütekriterien an Qualitative Forschungen angelegt. Die Debatte kann hier nur angedeutet werden. Einige Methodikerinnen formulieren übergreifende Kriterien für die Vertrauenswürdigkeit von Forschung und spezifizieren diese für die Qualitative Forschung, andere formulieren für die Qualitative Forschung eigenständige Kriterien. Letztlich sollen Fehlinterpretationen vermieden werden, indem beispielsweise mehrere Forscherinnen beteiligt oder Interpretationen gemeinsam vorgenommen oder auch mit Informantinnen die Analysen diskutiert und durch diese modifiziert werden (kommunikative Validierung).

Gerade die kommunikative Validierung kann zu ethischen Problemen führen, wenn Informantinnen erneut mit ihrer Geschichte und den abstrakten Analysen konfrontiert werden. Insofern bedarf auch der Einsatz aller Instrumente einer Reflexion zu möglichen Schäden der Beforschten. Dies gilt umso mehr, als es sich in der Pflegeforschung meist um vulnerable Personengruppen handelt.

Die Formulierung solcher Gütekriterien ist kein Selbstzweck. Sie dienen letztlich der Glaubwürdigkeit der Forschung und damit dem Vertrauen, dass entsprechende Ergebnisse auch Anwendungen in der Praxis erlauben, die von Nutzen sein können. Glaubwürdigkeit ist in der Wissenschaft ein hohes Gut. Deswegen ist auf der einen Seite methodisch sauberes Arbeiten von zentraler Bedeutung und deswegen ist auf der anderen Seite der Betrug bei der Forschung (sei es durch Verfälschung des Datenmaterials oder durch Plagiate) nicht nur ein Angriff auf die Integrität von Forschenden, sondern auf die Anerkennungswürdigkeit von Wissenschaft.

Literatur

Haas-Unmüßig, Pia; Schmidt, Cordula (2010): Der Diskurs zu den Gütekriterien der qualitativen Forschung, in: Pflege 23/2010, S. 109–118.

Habermas, Jürgen (1968): Erkenntnis und Interesse, Frankfurt (Suhrkamp).

Höhmann, Ulrike; Bartholomeyczik, Sabine (2013): Komplexe Wirkungszusammenhänge in der Pflege erforschen. Konzepte statt Rezepte, in: Pflege & Gesellschaft 18/2013, S. 293–312.

Monteverde, Settimio; Kesselring, Annemarie (2012): Forschung in der Pflege und Ethik, in: Settimio Monteverde (Hrsg.) – Handbuch Pflegeethik. Ethisch denken und handeln in den Praxisfeldern der Pflege, Stuttgart (Kohlhammer) 2012, S. 138–155.

Schiff, Andrea; Mohr, Verena; Claßen, Sonja (2016): Die kommunikative Validierung als Gütekriterium in der deutschsprachigen qualitativen pflegewissenschaftlichen Forschung, in: Pflege & Gesellschaft 21/2016, S. 20–33.

Schnell, Martin W.; Heinritz, Charlotte (2006): Forschungsethik. Ein Grundlagen- und Arbeitsbuch mit Beispielen für die Gesundheits- und Pflegewissenschaft, Bern (Huber).

Kapitel 12. Die „gute Policey"

Pflege vollzieht sich in der Interaktion zwischen Individuen. Trotzdem ist sie kein privates Geschehen. Pflege ist, wie zu sehen war, eingebunden in Organisationen, und sie ist gerahmt von rechtlichen und politischen Festlegungen. Die Gesundheitspolitik bestimmt nicht nur Fragen der Ausbildung und der Berufsführung. Über die Sozialgesetzgebung definiert sie auch den finanziellen Rahmen, die Krankenhausgesetze der Länder machen Vorgaben für Pflege und Medizin, das Heimgesetz regelt den Betrieb entsprechender Einrichtungen – und dies sind nur wenige Beispiele.

Entstehung der Gesundheitspolitik

Auch wenn die Idee, die gesundheitsbezogene Lebensführung der Menschen steuernd zu beeinflussen, nicht neu ist, ist Gesundheitspolitik im eigentlichen Sinn ein vergleichsweise junges Feld der Politik. Sie geht zurück auf das im 17. Jahrhundert aufkommende Konzept der *guten Policey.* In dieser Tradition ist „Policey" der Begriff für alle Mittel, die der Staat aufwendet, um die Ordnung aufrechtzuerhalten, seine Macht zu stärken und die Wohlfahrt der Untertanen zu steigern. Die Orientierung – auch – am Glück der Untertanen, kennzeichnet die gute Policey als ein paternalistisches Projekt, das neben der Autorität und Macht des Monarchen gleichzeitig dessen Verantwortung für seine Untertanen und für den „gemeinen Nutzen" betont. Die heutige Polizei ist zwar aus diesem Projekt hervorgegangen, aber der alte Begriff deckt eine Vielzahl von Bereichen ab, die wir heute nicht mehr mit Polizei in Verbindung bringen: Bereiche der Religion, der Wirtschaft, des öffentlichen Raums, des Luxus und des Spiels und nicht zuletzt die der Armen und der Gesundheit.

In dieser Tradition der guten Policey standen gesundheitspolitisch drei Aspekte im Vordergrund: eine große und wachsende Bevölkerung als Zeichen innerer und äußerer Macht, für die der Staat Fürsorgepflichten übernimmt, die Eingliederung des Gesundheitswesens in die staatliche Verwaltung und die Ausrichtung der Ärzte an dieser Aufgabe. In Deutschland kulminierte die Entwicklung der medizinischen Policey in Johann Peter Franks „System einer vollständigen medizinischen Polizey" (sowohl die Schreibung mit „c" als auch mit „z" war gebräuchlich), in dem dieser versuchte, das gesamte öffentliche und private Leben unter gesundheitlichen Gesichtspunkten zu regeln. Sein Mannheimer Kollege Franz Anton Mai, ein Vorreiter für eine geregelte Ausbildung in der Pflege, ging noch einen Schritt weiter, indem er einen Gesetzentwurf vorlegte, alle gesundheitlich relevanten Bereiche in rechtlicher Form zu regeln.

Orientierung an der Ökonomie

Seit der neoliberalen Wende der Wirtschaftspolitik in den 1980er Jahren dominiert zunehmend die Gesundheitsökonomie die gesundheitspolitischen Programme. Mit der „Krise des Wohlfahrtsstaates" geht die Krise des Gesundheitswesens Hand in Hand. Die Sicherstellung der gesundheitsbezogenen Versorgung wird dabei unter Finanzierungsvorbehalt gestellt. Dies drückt sich etwa in der Frage aus, welche Leistungen überhaupt durch das System der gesetzlichen Krankenversicherung finanziert werden, oder in der Frage nach Entgeltsystemen, z. B. in der Krankenhausfinanzierung.

Ökonomisches Denken geht grundsätzlich von der *Knappheit der Ressourcen* aus. Daraus folgt unter anderem das Problem der Allokation, also der Zuweisung dieser Ressourcen für spezifische Zwecke. Im Gesundheitssystem lassen sich mit Jürgen Wallner vier solche Verteilungsebenen identifizieren. Auf einer *ersten Makroebene* entscheidet sich bezogen auf das Gemeinwesen, welcher Anteil der zur Verfügung stehenden Mittel für das Gesundheitssystem aufgebracht wird. Hier steht das Gesundheitssystem in Konkurrenz zu anderen Verteilungssphären wie etwa Bildung, Militär, Umwelt oder Infrastruktur. Da bekanntlich jeder Euro nur einmal ausgegeben werden kann, stehen Mittel, die dem Gesundheitssystem zukommen, anderen Bereichen nicht zur Verfügung. Die zentrale Frage lautet demnach: Welcher Anteil der zur Verfügung stehenden Mittel soll in unserer Gesellschaft für die Gesundheitsversorgung aufgebracht werden? Auf einer *zweiten Makroebene* steht in Frage, wie die für das Gesundheitssystem zur Verfügung stehenden Mittel auf verschiedene Teilbereiche verteilt werden. Hier stehen Medizin, Pflege, Prävention, stationäre Einrichtungen et cetera miteinander in Konkurrenz. Entsprechend ist die zentrale Frage die der Mittelsteuerung:

In welche Bereiche fließen welche Mittel? Die dritte und in unserem Zusammenhang wichtigste Ebene umfasst Fragen der *Mikroallokation* innerhalb der verschiedenen *Teilbereiche.* Dies ist das Feld der Debatte über Rationalisierung, Rationierung und Priorisierung (wir kommen darauf noch zurück). Hier spielen medizinische Indikatoren eine zentrale Rolle; in den letzten Jahren werden jedoch auch soziale und individuelle Faktoren einbezogen wie etwa Alter, lebensführungsbedingte Risiken und Ähnliches. Für die Pflege stellt sich die Frage: Welche und wie viele Pflegeleistungen können bei beschränkten Mitteln (noch) erbracht werden? Auf der vierten, der *unteren Mikroallokationsebene,* müssen die Leistungserbringerinnen entscheiden, welchen Empfängerinnen welche Leistungen erbracht werden. Ein Steuerungsmittel sind hier gedeckelte Budgets. Die zentrale Frage lautet: Wer soll welche Leistungen erhalten? Diesen vier Ebenen entsprechen unterschiedliche ethische Fragestellungen, die im Folgenden aufgegriffen werden.

Das gesellschaftliche Gut Gesundheitsversorgung

Zunächst stellt sich wiederum die Frage nach der gesellschaftlichen Bedeutung des Gutes Gesundheit. In Kapitel 3 haben wir bereits darauf hingewiesen, dass das Verständnis von Gesundheit – gar als höchstes – Gut ethisch nicht unproblematisch ist, kann dies doch dazu führen, kranke Personen moralisch für ihre Situation selbst verantwortlich zu machen. Hinzu kommt das Problem, Gesundheit mit anderen Gütern zu vergleichen und in eine Rangfolge zu bringen. Dies ist auch deshalb schwierig, weil verschiedene gesellschaftliche Güter wechselseitig aufeinander einwirken. So gibt es etwa Zusammenhänge zwischen Bildung und Morbidität ebenso wie zwischen sozioökonomischer Lage und Morbidität. Daraus ließe sich schließen, dass eine Investition in Bildung und soziale Absicherung zu positiven Folgen auch für das Gesundheitssystem führen würde. Das stimmt wahrscheinlich auch, hilft aber denen nicht, die entweder erkranken oder pflegebedürftig werden, bevor die Maßnahmen greifen (was erfahrungsgemäß ohnehin längere Zeit in Anspruch nehmen dürfte) oder die von den Maßnahmen – aus welchen Gründen auch immer – nicht profitieren. Noch schwieriger gestaltet sich die Abwägung zwischen Gesundheit und Ausgaben für die innere und äußere Sicherheit. Klar ist zumindest, dass in solchen Abwägungsprozessen

Gesundheit nicht automatisch der Vorrang gebührt. Hinzu kommt, dass gesellschaftliche Ausgaben für den Gesundheitssektor weniger Innovationskraft entfalten als z. B. Ausgaben für den Bildungssektor. Deutlich wird hier, dass unter der Bedingung endlicher Ressourcen gesellschaftlich nicht alles finanziert werden kann, was – vielleicht – wünschenswert wäre.

Ziele der Gesundheitsversorgung

Auf der zweiten Ebene der Verteilung werden die Ziele der Gesundheitsversorgung thematisiert. Bislang ist man hier von einem Vorrang der kurativen vor der palliativen Versorgung ausgegangen. Das liegt zunächst auch auf der Hand. Wo Heilung möglich ist, wäre nur schwer begreiflich zu machen, warum aus Kostengründen darauf verzichtet werden sollte. Plausibel ist dies aber nur dort, wo es um eine komplette Heilung geht. Umstritten ist dies, wenn stattdessen nur eine Lebensverlängerung für eine gewisse Zeit oder eine Verbesserung der *Lebensqualität* zu erwarten ist. Unstrittig ist, dass Gesundheit und Krankheit eine somatische, eine psychische und eine soziale Dimension besitzen. Entsprechend kann der Nutzen medizinischer und pflegerischer Maßnahmen nicht allein auf der Ebene der Somatik definiert werden, sondern muss die Art und Weise, wie eine Krankheit und ihre Folgen psychisch verarbeitet und sozial wirksam wird, einbeziehen. In den Gesundheitswissenschaften hat sich als Maß für den rein somatischen Nutzen die gewonnene Zahl an Lebensjahren eingebürgert. Komplexer ist die Lage bei der psychischen und sozialen Dimension. Diese werden in der Regel durch das Konstrukt der Lebensqualität erfasst. Für deren Messung sind in den Gesundheitswissenschaften eine Reihe von Instrumenten entwickelt worden.

Ein Instrument, das beide Dimensionen zusammenfasst, ist das mittlerweile zum Standardmaß der Gesundheitsökonomie gewordene Konzept der *QALYs*, der Quality Adjusted Life Years. QALYs werden dargestellt als Produkt der (Rest-)Lebenserwartung und der Lebensqualität, wobei die repräsentative Erfassung des zweiten Faktors Gegenstand akademischer Kontroversen ist. Die Errechnung der Werte soll dazu dienen, entweder bezogen auf eine Indikation bestimmte therapeutische Alternativen zu vergleichen oder indikationsübergreifende Vergleiche anzustellen. Dabei zielt das Konzept nicht auf den Einzelfall, sondern auf die Frage, welche therapeutischen

Verfahren bei einer gegebenen Indikation angewandt (und finanziert) werden sollen. Es handelt sich dabei letztlich um das utilitaristische Prinzip der Nutzenmaximierung im Sinne eines aggregierten Gesamtnutzens. Die Maximierung der QALYs für eine bestimmte Kohorte ist vereinbar mit der Nichtberücksichtigung des Nutzens einzelner Individuen; im Fall der indikationenübergreifenden Vergleiche auch dann, wenn die Mittel für die Behandlung einer Gruppe anderweitig mit einem größeren Effekt eingesetzt werden können.

Neben dieser grundsätzlichen Problematik indikationenübergreifender Nutzenmaße bestehen methodische Einwände gegen das QALY-Konzept, weil es bestimmte Ungleichgewichte nicht ausgleichen könne. Der Deutsche Ethikrat fasst die vier wichtigsten Einwände zusammen. Diese liegen in der Missachtung der Relevanz des Schweregrades der Erkrankung, der Diskriminierung bestimmter Patientengruppen wie älterer Menschen oder Menschen mit Behinderungen, in der Benachteiligung von Patienten mit geringer Therapiefähigkeit, der Unterbewertung extremer, aber sehr kurzer Krankheitszustände und der Vernachlässigung des Aspekts der Dringlichkeit einer Behandlung.

Zudem stellt sich die Frage nach der *Berücksichtigung unterschiedlicher Bereiche* im Gesundheitswesen. So sind in den letzten Jahren in den Krankenhäusern massiv Pflegekapazitäten abgebaut worden. Die Situation stellt sich derzeit so dar, dass dies schon jetzt Folgen für die Patientensicherheit nach sich zieht. Modellrechnungen zeigen, dass sich bis zum Jahr 2030 die Zahl der Pflegekräfte nahezu verdoppeln müsste, um den Bedarf adäquat zu befriedigen. Ohne die Situation dramatisieren zu wollen, zeigen sich hier Probleme, deren Bearbeitung gegenwärtig von der Gesundheitspolitik noch vor sich hergeschoben wird. Angesichts dieser Entwicklung stellt sich die Frage, ob die Priorisierung von Leistungen nicht in erster Linie sektoral vorgenommen werden müsste. Könnte es nicht sinnvoll sein, den Bereich der Pflege – auch auf Kosten medizinischer Behandlung – zu stärken? Könnte dies nicht auch eine Veränderung der Gewichtung zwischen palliativer und kurativer Therapieziele beinhalten? Eine gesundheitspolitische Debatte um diese Fragen steht noch aus, müsste jedoch dringend initiiert werden, um rechtzeitig Steuerungsmechanismen implementieren zu können.

Rationalisierung, Rationierung und Priorisierung

Im dritten Bereich werden angesichts der Kostensituation im Gesundheitswesen Diskussionen über *Rationalisierung, Rationierung und Priorisierung* geführt. Rationalisierung bedeutet in unserem Zusammenhang, Wirtschaftlichkeitsreserven zu nutzen. Es geht darum, Prozesse zweckrational zu optimieren, d. h. entweder mit gleichbleibenden Mitteln das Ergebnis zu verbessern oder ein definiertes Ergebnis mit dem Einsatz geringerer Mittel zu erreichen. Rationalisierungspotenziale gibt es z. B. hinsichtlich der Schnittstellenproblematik, hierzu gehört die Optimierung von Behandlungs- und Versorgungspfaden und die Kooperation zwischen verschiedenen Berufsgruppen. Rationalisierungspotenziale bestehen ebenso im Arzneimittelsektor, wo der Zusatznutzen neuer Medikamente oft fraglich ist. Allerdings zeigte z. B. die öffentliche und wissenschaftliche Debatte um die Nutzen- und Kostenbewertung von Medikamenten durch das IQWiG (Institut für Qualität und Wirtschaftlichkeit im Gesundheitswesen), wie konfliktträchtig und interessengeleitet dieses Thema ist.

Problematisch wird Rationalisierung dann, wenn unter Effizienz allein kostensenkende Maßnahmen in den Blick genommen werden oder wenn darunter vor allem die optimale Ausnutzung der Ressource Arbeitskraft verstanden wird. Besondere Brisanz gewinnt dies dadurch, dass im Gesundheitswesen zunehmend profitorientierte Unternehmen Leistungen anbieten. Dienen Maßnahmen der Rationalisierung dann in erster Linie der Kostensenkung oder der Gewinnmaximierung? Und wo wäre aus der Sicht des Unternehmens der Unterschied?

Solange mit dem Gedanken der Priorisierung die Diskussion um Leistungsbeschränkungen verknüpft ist, führt Priorisierung gleichzeitig zur Rationierung. Insofern kann eine Diskussion von Priorisierungsansätzen auch die Probleme der Rationierung aufdecken. Priorisierungsformen, die nicht in erster Linie auf Rationierung zielen, finden sich etwa im Zusammenhang der aus der Notfallaufnahme bekannten *Triage,* wenn eine hohe Zahl von Verletzten aus objektiven Gründen nicht gleichzeitig versorgt werden kann. Grundsätzlich werden in der Fachdiskussion zwei Formen der Priorisierung unterschieden, die *vertikale* und die *horizontale.* Bei der vertikalen wird eine Rangfolge von Maßnahmen bei einer bestimmten Indikation festgelegt. In der pflegerischen Praxis ist dies ein alltägliches Vorgehen, wenn überlegt werden muss, welche Maßnahme den größten Nutzen für den Patienten erwarten lässt. Horizontale Priorisierung dagegen bedeutet eine Entscheidung zwischen verschiedenen Gruppen von Erkrankungen oder verschiedenen Gruppen von Patienten. Der Schwerpunkt der Priorisierungsdebatte liegt auf der letzten Form, wenn etwa diskutiert wird, inwieweit bei der Kosten-Nutzen-Bewertung von Medikamenten oder Therapien die oben beschriebenen QALYs als indikationsübergreifendes Nutzenmaß Verwendung finden sollen oder nicht.

Eine Empfehlung für *Kriterien der Priorisierung* hat die Zentrale Ethikkommission bei der Bundesärztekammer (ZEKO) 2009 vorgelegt. Als inhaltliche Kriterien formuliert die ZEKO die medizinische Bedürftigkeit, den erwarteten individuellen Nutzen und die Kosteneffektivität. Das Kriterium der medizinischen Bedürftigkeit wird in einem Stufenmodell konkretisiert. Vorrangig ist die Orientierung am „Lebensschutz" und am „Schutz vor schwerem Leid". Als zweite Stufe wird der „Schutz vor dem Ausfall oder der Beeinträchtigung wesentlicher Organe und Körperfunktionen" genannt. Die Relevanz der Schädigungen und Risiken ergibt sich aus ihrer Bedeutung für den ungestörten Vollzug alltäglicher Aktivitäten und für die Teilhabe am gesellschaftlichen Leben. Nachrangig zu beachten sind der „Schutz vor weniger schwerwiegenden oder nur vorübergehenden Beeinträchtigungen des Wohlbefindens" und die „Verbesserung und Stärkung von Körperfunktionen".

Unseres Erachtens sind diese Kriterien sowohl zu unpräzise als auch nicht realitätsgerecht. Sie sind vorrangig an akuten Krankheitsbildern orientiert. Die Realität in den Versorgungseinrichtungen ist jedoch durch Patientinnen mit chronischen Erkrankungen und durch Multimorbidität geprägt. Wie lassen sich z. B. Maßnahmen der geriatrischen Rehabilitation in diesem Kriterienkatalog verorten? Alltags- und Bewegungstraining entsprechen in dieser Systematik am ehesten der Stufe 4, während eine letztlich aussichtslose – und vielleicht von Patientinnen nicht einmal gewünschte – Dauerreanimation in der Intensivstation am ehesten der Stufe 1 entspricht. Unscharf ist die Unterscheidung zwischen der Beeinträchtigung wesentlicher Organe und Körperfunktionen und weniger schwerwiegenden oder nur vorübergehenden Beeinträchtigungen. Als Beispiele für das erste nennt die ZEKO den Verlust eines Beines oder des Gehörs und Erblindung. Dagegen ist kaum etwas einzuwenden, aber in der Realität geht es eher um graduelle und schleichende Entwicklungen. Gegen nachlassende Sehkraft gibt es Sehhilfen. Aber wann ist bei einem krankheitsinduzierten Nachlassen der Sehkraft zu intervenieren? Bei den ersten Einschränkungen oder erst wenn die vollständige Erblindung droht? Was sagen diese Kriterien zu orthopädischen Eingriffen, etwa zur Hüft- oder Kniegelenkprothetik? Ab wann sind Schmerzen im Knie eine weniger schwerwiegende und wann eine schwerwiegende Beeinträchtigung? Die Liste der Anfragen lässt sich beliebig verlängern. Sie zeigt auf jeden Fall die Problematik einer Priorisierung entlang der Krankheitsbilder und -folgen.

Ein ebenfalls viel diskutierter – und bisweilen verschwiegen praktizierter – Ansatz ist die *Altersrationierung*, also die Festlegung von Altersgrenzen für die Finanzierung therapeutischer Maßnahmen. Die meisten Befürworter einer solchen Praxis gehen davon aus, dass es so etwas wie eine natürliche Lebensspanne gebe. Auch wenn es schwer hinnehmbar ist, das Leben ist begrenzt. In vielerlei Hinsicht lässt sich die moderne Medizin als ein Unternehmen verstehen, diese Grenzen zu erweitern. Diese Grenzziehung ist daher abhängig vom Stand der medizinischen Entwicklung. Es lässt sich zu Recht die Frage stellen, ob deshalb nicht irgendwann dem jeweils Machbaren eine Grenze gesetzt werden sollte.

Die Plausibilität der Vorstellung einer natürlichen Lebensspanne schwindet aber, wenn mit ihr nicht der Verzicht auf lebensverlängernde Maßnahmen begründet werden soll, sondern der Verzicht auf andere – und gegebenenfalls teure – therapeutische Maßnahmen. Was hat etwa eine Hüftgelenkprothetik mit der natürlichen Lebensspanne zu tun? Zudem stellt sich das Problem teurer lebensverlängernder Maßnahmen nicht nur bei alt gewordenen Patientinnen, sondern bei allen, die im Sterben liegen – und das können auch junge Patienten sein. Die Frage des menschenwürdigen Sterbens hängt nicht vom Alter, sondern von der Gestaltung des Sterbeprozesses ab.

Deshalb stehen wir dem Ansatz der Altersrationierung äußerst kritisch gegenüber. Gründe hierfür sind neben der Willkürlichkeit von Grenzziehungen (wieso soll – außer aus Praktikabilitätsgründen – das kalendarische statt des biologischen Alters herangezogen werden?) auch Fragen der Generationengerechtigkeit. Zudem übersehen Ansätze, die von einer gleichsam natürlichen Lebensspanne ausgehen, dass deren Länge sich in den letzten

Generationen nach hinten verschoben hat. Die Länge hängt nicht zuletzt vom Status der medizinischen Versorgung ab, sodass sich in die Argumentation eine zirkuläre Schleife einschleicht. Schließlich ergäbe sich aus einer Altersrationierung unter gegenwärtigen Bedingungen – der Ausschluss von allein öffentlichen Gesundheitsleistungen – eine weitere soziale Schieflage. Eine Zusatzfinanzierung – sei es durch entsprechende Versicherung oder aus eigenen Mitteln – ist lediglich für Vermögende möglich. Damit würde die soziale und ökonomische Position noch stärker als ohnehin die Lebenszeit und die Lebensqualität der Menschen beeinflussen.

Abschließend soll noch der Blick auf Eigenverantwortung der Individuen geworfen werden (wir haben dies in Kapitel 6 schon ausgeführt). Wie dort bereits gesehen, werden die *gesellschaftlichen Ursachen* der Lebenslage der Betroffenen nicht berücksichtigt, sondern der Grund allein in der jeweiligen Person gesucht. Zudem besteht ein *Abgrenzungsproblem.* Was wird vom wem als selbstverursacht kategorisiert? Die Rhetorik der Eigenverantwortung führt zu einer höchst fragwürdigen moralischen Aufladung aller Elemente der Lebensführung, denn alles menschliche Verhalten und Handeln hat einen mehr oder minder großen Einfluss auf die Erhaltung und Förderung der Gesundheit.

Unklar ist darüber hinaus, wie Praktiken einzustufen sind, deren gesundheitsförderliche Wirkung zumindest zweifelhaft ist. Ist der „gute" Herzinfarkt einer, der aus einer übermäßigen Arbeitsbelastung resultiert, und der „böse" jener, der durch Rauchen oder Übergewicht verursacht wird? Schließlich ist die *kausale Zuschreibung* nicht unproblematisch: Wie soll bestimmt werden, ob eine Krebserkrankung durch gesundheitsschädliches Verhalten verursacht worden ist und nicht etwa durch den Kontakt mit karzinogenen Stoffen am Arbeitsplatz oder einer genetischen Disposition oder einer Kombination dieser Gefährdungen? Dies führt zum *Kontrollproblem,* denn eine umfassende Kontrolle, die für eine kausale Zuschreibung und damit eine evidenzbasierte Aberkennung des Versichertenstatus notwendig wäre, ist weder durchsetzbar noch denkbar. Schließlich hat die Proklamation der Eigenverantwortung eine beachtliche *soziale Schieflage.* Unstrittig ist, dass viele Erkrankungen durch den Lebensstil (mit-)verursacht sind. Allerdings suggeriert die Rede vom Lebensstil, dass dieser das Ergebnis einer autonomen Selbstbestimmung sei. Das jedoch ist nicht der Fall. Lebensstile korrelieren mit der sozialen Schicht oder dem sozialen Milieu, die Anfälligkeit für Suchtkrankheit ist unter Umständen genetisch angelegt. Jedes beliebige Lehrbuch der Sozialmedizin liefert die Belege dafür, dass das Vorliegen lebensstilbedingter Belastungen von der sozialen Lage abhängt. Die Forderung nach Eigenverantwortung führt in der Konsequenz nur zu einer weiteren Benachteiligung der ohnehin schon Benachteiligten.

Letztlich hat das Ganze noch eine ironische Pointe. *Ökonomisch* ist mit Eigenverantwortung wenig zu gewinnen. Bekanntlich sterben irgendwann auch die Menschen, die sich stets gesundheitsadäquat verhalten haben. Knapp die Hälfte der Gesundheitskosten entfallen aktuell auf die über 65-Jährigen, während diese Gruppe nur etwa ein Fünftel der Bevölkerung ausmacht, für eine Person aus der Altersgruppe der über 85-Jährigen fällt das Zehnfache der Kosten an als für eine Person aus der Gruppe der 30- bis 44-Jährigen (Nöthen/Böhm 2009, S. 16). Nach der sogenannten Kompressionsthese entsteht der weitaus größte Teil der im Lebenslauf anfallenden Behandlungskosten – relativ unabhängig davon, in welchem Alter – in den letzten beiden Lebensjahren. Und ob der auf das Rauchen zurückzuführende Herzinfarkt oder das daraus resultierende Lungenkarzinom wirklich teurer sind als die Erkrankungen, die irgendwann mit Sicherheit zum Tode führen, ist umstritten, zumal mit zunehmendem Alter die Kosten für ambulante und stationäre Pflege steigen.

Jedenfalls steht, wer nutzentheoretisch eine Verpflichtung zu einer gesundheitsförderlichen Lebensweise um der Entlastung der sozialen Sicherungssysteme willen propagiert, vor der empirischen Begründungslast nachzuweisen, dass aufs Ganze gesehen dadurch tatsächlich ein Spareffekt auftritt. Diese Begründung kann nicht dadurch ersetzt werden, dass auf die Kosten von Erkrankungen verwiesen wird. Denn die Frage ist nicht, ob ein Mensch krank wird und einmal sterben wird, sondern die Frage ist, wann im Lebenslauf das sein wird – und welche Kosten dann anfallen.

Orientierung am Einzelfall

Ein gesellschaftlicher oder politischer Konsens über Fragen der Rationierung und Priorisierung existiert derzeit nicht. Diesbezügliche Entscheidungen werden stattdessen auf die handelnden Personen vor Ort verschoben.

Als Indikatoren von Knappheit gelten hier insbesondere Budgets. Eine Ausprägung hiervon ist die Finanzierung der Krankenhäuser über DRGs (Diagnosis Related Groups), fallbezogene *Budgets.* Die Anwendung dieses Systems führt dazu, dass Liegezeiten verkürzt werden, aber auch die Versorgung wesentlich am medizinisch Notwendigen ausgerichtet wird. Sogenannte „Clinical Pathways" vereinheitlichen einerseits die Behandlung und haben damit positive Effekte im Sinne einer gleichbleibenden Qualität für alle Patienten, andererseits führen sie zu einer Abkehr von einem individuellen Vorgehen. Die Verkürzung der Liegezeiten führt letztlich zu einer Beschränkung der rehabilitativ ausgerichteten Pflege, die zeit- und personalintensiv ist. Häufig kommt es zur Verschiebung von Lasten, so etwa, wenn Personen aus dem Krankenhaus in andere Einrichtungen oder nach Hause verlegt werden, auch wenn sie noch besondere Pflegemaßnahmen (z. B. umfangreiche Wundversorgung) benötigen („blutige Entlassungen").

Die Orientierung am Einzelfall hat gegenüber grundsätzlichen Regelungen den Vorteil, dass auf individuelle Besonderheiten eingegangen werden kann, die bei vorgegebenen Normen keine Berücksichtigung finden können. Allerdings ist auch dies ambivalent. Die Würdigung von Besonderheiten kann dazu führen, dass Vorlieben und Abneigungen, Sym- und Antipathie eine Rolle spielen können, zum Teil auch dann, wenn dies den handelnden Personen gar nicht bewusst ist. Die Individualisierung von Entscheidungen erfordert deshalb ein hohes Maß von moralischer Integrität und kritischer Selbstreflexion – und zwar unter Bedingungen, in denen schnelles und effizientes Handeln gefragt ist. Ein Widerspruch, der sich in der Praxis nicht immer auflösen lässt.

Inklusion/Exklusion und Teilhabe

Ausgangspunkt der (neuen) Debatte um Inklusion ist die 2006 verabschiedete und 2008 in Kraft getretene „UN-Convention on the Rights of Persons with Disabilities". Im Text der Konvention ist von *inclusion* die Rede, die offizielle deutsche Übersetzung verwendet dafür „Integration". Das wurde und wird von verschiedener Seite kritisiert, weil eben nicht mehr nur bestimmte Personengruppen integriert werden sollen, sondern allen Partizipation und Teilhabe ermöglicht werden soll.

Häufig werden die Begriffe „Partizipation" und „Teilhabe" synonym verwandt. Sie werden breit und unscharf ausgelegt. Sie haben gemeinsam, dass sie immer in einem positiven Sinn gebraucht werden. Sie lassen sich allerdings unterscheiden: Der Begriff Partizipation entstammt dem politischen Raum. Es geht hier um die Mitbestimmungs- und Mitentscheidungsrechte. Der Begriff der Teilhabe wird inzwischen eher als soziale Teilhabe definiert. Es geht um gesellschaftliche und soziale Eingebundenheit. Soziale Teilhabe ist in diesem Sinn als Gegenbegriff zu sozialer Ausschließung zu verstehen. Es geht also um das Eingebundensein in eine soziale Gemeinschaft, um Inklusion.

Inklusion ist aber nicht immer gut. Und Exklusion ist nicht immer schlecht. Zugehörigkeit kann als ein stählernes Gehäuse empfunden werden, das den Wunsch zum Ausstieg nahelegt. Es ist nicht immer angenehm, in soziale Systeme einbezogen zu sein. Wer geht schon gern zum Zahnarzt, und wer ist nicht froh, ein Krankenhaus wieder verlassen zu können? Ähnliches gilt in Familien. Auch dort kann der Ausstieg aus dem Familiensystem einem weiteren Verbleib vorzuziehen sein. Insofern kann ein Ausschluss als befreiend erlebt werden. Zudem ist der Doppelcharakter von Inklusion und Exklusion offensichtlich: Es gibt eine exkludierende Inklusion ebenso wie eine inkludierende Exklusion (man denke nur an Gefängnisse – wobei der Charakter als exkludierende Inklusion oder inkludierende Exklusion vom Standpunkt des Beobachters abhängt).

Wie dem auch sei. Wenn sich Pflege der UN-Konvention verpflichtet fühlt, folgen daraus zum Teil weitreichende Konsequenzen. Vor allem ist das die Orientierung an Autonomie und der Möglichkeit, ein weitgehend selbstbestimmtes Leben nach eigenen Maßstäben führen zu können. Oder negativ ausgedrückt: Das beinhaltet die Forderung, alle Einschränkungen dieser Autonomie als ein Pflegeproblem zu identifizieren, das es mit der Patientin oder dem Bewohner zu bearbeiten gilt. Das gilt selbstverständlich auch für automiebeschränkende Regelungen in Einrichtungen, sei es aufgrund baulicher Gestaltung oder reglementierender Normierungen. Autonomie im Gesundheitsbereich hat zur Voraussetzung, dass allen Menschen Zugang zu Gesundheitsinformationen und damit Gesundheitskompetenz ermöglicht wird. Gerade vulnerablen Bevölkerungsgruppen ist dieser Zugang erschwert. Die Datenlage ist noch spärlich, aber für Jugendliche mit einem niedrigen

Bildungsgrad, für ältere Menschen und Menschen mit Migrationshintergrund lassen sich ein Mangel an Zugangsmöglichkeiten und damit negative Auswirkungen auf die Gesundheitskompetenz zeigen.

Gut, niemand darf zur Autonomie gezwungen werden – und selbst die „Erziehung zur Mündigkeit" ist insofern paradox, als durch Abhängigkeit Unabhängigkeit bewirkt werden soll. Trotzdem müssen die Spielräume, die sich für die betroffenen Personen eröffnen, nach Möglichkeiten genutzt und bei Einschränkungen erweitert werden. Dies geht jedoch über klassische Vorstellungen der Pflege als Heilhilfsberuf weit hinaus. Es ergeben sich Überschneidungen mit anderen Professionen, hier z. B. der Sozialen Arbeit. Versteht man nun Pflege im Sinne des Konzepts der „Advanced Nursing Practice", dann folgt daraus eine berufliche Orientierung, die neben im engeren Sinn pflegerischer Expertise auch sozialarbeiterische, therapeutische und medizinische Kompetenzen umfasst. Und zu einer reflektierten Professionalität gehört nicht zuletzt die Ethik.

Literatur

Dallmann, Hans-Ulrich (2011): Vom Umgang mit Knappheit: ethische Perspektiven auf die Priorisierung im Gesundheitswesen, in: Ethik und Gesellschaft 5/2011, H. 1, https://open-journals.uni-tuebingen.de/ojs/index.php/eug/article/view/1-2011-art-3/102, Zugriff 14.12.2015.

Deutscher Ethikrat (2011): Nutzen und Kosten im Gesundheitswesen – Zur normativen Funktion ihrer Bewertung vom 27. Januar 2011, www.ethikrat.org/dateien/pdf/stellungnahme-nutzen-und-kosten-im-gesundheitswesen.pdf, Zugriff 14.12.2015.

Flieger, Petra; Schönwiese, Volker (Hrsg.) (2011): Menschenrechte – Integration – Inklusion. Aktuelle Perspektiven aus der Forschung, Bad Heilbrunn (Julius Klinkhardt).

Isfort, Michael; Weidner, Frank; Neuhaus, Andrea; Brühe, Roland; Kraus, Sebastian; Köster, Veit-Henning; Gehlen, Danny (2011): Zur Situation des Pflegepersonals in deutschen Krankenhäusern – Ergebnisse des Pflege-Thermometers 2009, in: Pflege und Gesellschaft 16/2011, S. 5–19.

Labisch, Alfons (1992): Homo Hygienicus. Gesundheit und Medizin in der Neuzeit, Frankfurt/New York (Campus).

Nöthen, Manuela; Böhm, Karin (2009): Krankheitskosten, Gesundheitsberichterstattung des Bundes, Heft 48, Robert-Koch-Institut, Berlin.

Pohl, Carsten (2011): Demografischer Wandel und der Arbeitsmarkt für Pflege in Deutschland: Modellrechnungen bis zum Jahr 2030, in: Pflege und Gesellschaft 16/2011, S. 36–52.

Quenzel, Gudrun; Schaeffer, Doris (2016): Health Literacy – Gesundheitskompetenz vulnerabler Bevölkerungsgruppen. Ergebnisbericht. Universität Bielefeld, Fakultät für Gesundheitswissenschaften.

Sachverständigenrat zur Begutachtung der Entwicklungen im Gesundheitswesen (2007): Kooperation und Verantwortung. Voraussetzung einer zielorientierten Gesundheitsversorgung (Kurzfassung), http://www.svr-gesundheit.de/fileadmin/user_upload/Gutachten/2007/Kurzfassung_2007.pdf, Zugriff am 1.1.2016.

Simon, Michael (2009): Personalabbau im Pflegedienst der Krankenhäuser: Hintergründe, Ursachen, Perspektiven, Pflege und Gesellschaft, 14/2009, S. 101–123.

Wallner, Jürgen (2004): Ethik im Gesundheitssystem. Eine Einführung, Wien (Facultas).

Kapitel 13. Die gute Urteilsbildung

Mit den „guten Gründen" haben wir diese Ethik der Pflege begonnen. Wahrnehmen, Bewerten, Urteilen und Handeln haben wir als die Elemente vorgestellt, die bei der Darlegung guter Gründe leitend sind. Diese Gründe können unterschiedliche Perspektiven haben: Sie haben rückwärtsgerichtet die Form von Rechtfertigungen und zukunftsgerichtet die von Motiven oder Ursachen. Die Gründe, die ich für mein Handeln geben kann, stehen in einem engen Verhältnis zu meiner Sicht der Situation, in der sich das Handeln vollzieht.

Gründe und Kontexte

Gründe und Rechtfertigungen auf der einen und Situationen, Kontexte und Handlungen auf der anderen Seite liegen auf unterschiedlichen Ebenen. Gründe, Rechtfertigungen und Motive sind zunächst nur mir zugänglich. In einem gewissen Sinn muss und kann ich nur selbst wissen, was ich zu tun habe und was meine Gründe dafür sind. Aber wenn ich auch einen privilegierten Zugang zu meinen Gründen habe, kann ich sie äußern und damit anderen verständlich machen. Und das geschieht dann, wenn ich von anderen auf meine Beweggründe hin befragt werde. Ob ich dann auch wahrhaftig Rechenschaft ablege, lässt sich an den geäußerten Gründen allein nicht ablesen. Aber eine Zuhörerin kann prüfen, ob meine Gründe in sich zusammenhängend sind (*schlüssig* sind), ob sie sich auf anerkannte Normen oder Werte beziehen (*triftig* sind) und ob sie mit meinem sonstigen Urteilen und Handeln übereinstimmen (*konsistent* sind).

Gleiches gilt für Situationen und Kontexte. Zwar ist die Welt zunächst so, wie sie ist, aber für mich – und entsprechend für andere – ist sie jeweils auf eine besondere Weise gegeben. Situationen und Kontexte müssen gedeutet und interpretiert werden. Gemeinsames verständigungsorientiertes Handeln setzt zu einem gewissen Maße voraus, dass die Beteiligten von einer gemeinsamen Situationsdeutung ausgehen. Das lässt sich allein schon daran ablesen, dass sich gemeinsam handelnde Personen immer dann abstimmen und verständigen müssen, wenn diese gemeinsame Situationsdeutung fraglich wird.

Das wird noch dadurch komplexer, dass in Situationsdeutungen nicht nur Vorstellungen von der Welt eingehen, sondern auch Wertungen, Wünsche und Affekte.

In ihrer logischen Struktur besteht eine ethische Argumentation – der Austausch und die Kritik über Handlungen, Haltungen und ihre Gründe oder Rechtfertigungen – aus vier aufeinander bezogenen Elementen: aus einer *deskriptiven Prämisse* (einer Situationsbeschreibung), einer *präskriptiven Prämisse* (einer Norm oder einem handlungsorientierenden Wert), dem *Urteil* und der aus diesem resultierenden *Handlung.* Nun fließen sowohl in die deskriptive als auch in die präskriptive Prämisse beides ein: ethische Aspekte und Elemente einer Situationsbeschreibung. Zumal die präskriptive sich konditional als Wenn-dann-Bedingung rekonstruieren lässt. Deshalb ist bei einem ethischen Urteil immer zu prüfen, ob die Anwendungsbedingungen (wenn ...) und die Verbindlichkeit der präskriptiven Prämisse (dann ...) tatsächlich im konkreten Fall gegeben sind und zusammenpassen. Das Bindeglied zwischen Deskription und Präskription, das zu einem Urteil anleitet, heißt in der philosophischen Diskussion Urteilskraft.

Urteilskraft – und ihre Grenzen

Unter Urteilskraft versteht man im Anschluss an Immanuel Kant das Vermögen, Besonderes auf Allgemeines zu beziehen. Ist das Allgemeine – etwa eine Norm, ein Prinzip oder ein Wert – gegeben, leitet die bestimmende Urteilskraft daraus die Konsequenzen für eine Handlung ab. Wird umgekehrt vom Besonderen – einer Handlung, einer Situation – nach dem Allgemeinen gefragt, übernimmt die reflektierende Urteilskraft die Suche nach den allgemeinen Orientierungsmitteln.

Aber aus der Ableitung eines Schlusses aus normativen Prämissen folgt nicht gleichsam automatisch die entsprechende Handlung. Vielmehr muss sich der oder die Handelnde das Urteil zu eigen machen – im Sinne der Autonomie als *Selbstbestimmung aus Gründen* – und auf die jeweils konkrete Situation angemessen beziehen. Dazu gehört auch, die jeweilige Situation und ihren Kontext als ethisch relevant wahrzunehmen. Ohne diese Bestimmung einer Situation als ethisch relevant läuft die bestimmende Urteilskraft ins Leere. Deshalb gehört zum ethischen Handeln nicht allein das „richtige" ethische Urteil, sondern auch eine entsprechende ethisch-moralische Sensibilität.

Allerdings kann eine solche Sensibilität auch in die Irre führen. Der Philosoph Kwame Anthony Appiah macht im Rückgriff auf experimentalpsychologische Forschungen deutlich, dass unsere – auch moralischen – Intuitionen hochgradig unzuverlässig und häufig widersprüchlich sowie oft davon beeinflusst sind, wie eine Situation geschildert wird. Zudem hängt unsere Bereitschaft, moralisch zu handeln, von *äußeren Umständen* ab, die wir nicht steuern können (z. B. davon, ob wir in Eile sind oder gerade vor einer Bäckerei stehen – der Geruch einer Bäckerei macht hilfsbereiter). Zu diesen Rahmenbedingungen gehört auch, ob wir selbstständig handeln oder in kollektive Handlungszusammenhänge eingebettet sind.

Der schweizerische Philosoph Hans Bernhard Schmid macht in einer Analyse des bekannten Milgram-Experiments (in einer als Forschungssituation simulierten Versuchsanordnungen zeigen sich die meisten Teilnehmerinnen und Teilnehmer bereit, Versuchspersonen erhebliche Schmerzen zuzufügen) deutlich, dass *Gemeinschaftshandeln* Menschen in ein Netz von wechselseitigen Erwartungen und Zielbestimmungen verstrickt, aus dem sie sich nicht ohne Weiteres lösen können, wenn das Ziel des gemeinschaftlichen Handelns nicht infrage gestellt werden soll. Sobald ich mich auf ein gemeinsames Projekt eingelassen habe, gebe ich zumindest partiell meine Selbstständigkeit auf. Das liegt darin begründet, dass ein gemeinsames Ziel meist auch nur gemeinsam erreicht werden kann. Die Probleme, die das für die Beteiligten mit sich bringen können, liegen zwischen einem unreflektierten Konformismus auf der einen und dem, was Schmid „Idiotie der eigenen Einsicht“ nennt, die nur dem eigenen Urteil traut und dem der Mithandelnden grundsätzlich misstraut, auf der anderen Seite. Diese Besonderheiten des Gemeinschaftshandelns sind wichtig, weil die Handlungsvollzüge der Pflege oft hochgradig kollektive Züge tragen und es deswegen notwendig ist, dass nicht jeder und jede „sein Ding macht“, sondern alle zusammen das gemeinsame.

Die reflektierende Urteilskraft fragt von der konkreten Situation, vom konkreten Fall aus, welche normativen Prämissen auf diesen Fall Anwendung finden können und sollen. Vereinfacht geht es um die Frage, welche Sachverhalte überhaupt ethisch relevant sind. Wer bestimmt, was ein ethisches Problem ist? Können das nur die Betroffenen selbst oder können oder dürfen Außenstehende stellvertretend eine Situation als ethisch relevant kennzeichnen? Diese Fragen verweisen darauf, dass nicht allein die ethische Beurteilung, sondern schon die Beschreibung einer Situation als ethisch relevant strittig ist. Insofern führt die weit verbreitete Annahme, ethische Reflexion ziele in erster Linie auf Konsens, in die Irre. Insbesondere die systemtheoretische Beschreibung der moralischen Kommunikation macht deutlich, dass Moral tendenziell streiterzeugend wirkt. Wer moralisch kommuniziert, formuliert zunächst einen Dissens. Allerdings – und das wird systemtheoretisch meist unterschlagen – wird so der Dissens kommunikationsfähig und damit der gemeinsamen Erörterung zugänglich gemacht. Damit kann zur Auseinandersetzung über die Anerkennung für legitim gehaltener Ansprüche beigetragen werden, auch wenn sich eine Lösung dieser Konflikte eher auf dem Weg politischer Entscheidungen und gegebenenfalls rechtlicher Kodifizierung abzeichnet.

Schemata der Urteilsfindung?

Diese Überlegungen machen deutlich, dass ethisches Urteilen eher eine bestimmte Form ethischer Kompetenz kennzeichnet als die Anwendung eines wie auch immer beschriebenen Verfahrens ethischer Urteilsfindung. Schemata hierfür gibt es viele. Sie haben ihren – begrenzten – Wert darin, die oben genannten Elemente, die in ein solches Urteil eingehen, zu kennzeichnen und in manchen Fällen Fragen zu formulieren, die einen Zugang zu präskriptiven und deskriptiven Prämissen sowie zu Kriterien bei der Abwägung konfligierender Orientierungen ermöglichen. Insofern sind solche Schemata Hilfsinstrumente, die allerdings die ethische Kompetenz nicht ersetzen können. Ein solches Schema soll beispielhaft und abschließend kurz vorgestellt werden:

Dieses Schema wurde von dem evangelischen Theologen Heinz Eduard Tödt in den 1970er Jahren im Zusammenhang eines Verfahrens zur Abschätzung von ethischen Folgen der Technologieentwicklung ausgearbeitet und in mehreren Varianten diskutiert. Tödt geht aus von der Wahrnehmung, Annahme und Bestimmung eines Problems als eines ethischen *(Problemfeststellung)*. Damit werden Probleme zum einen sektoral entgrenzt (indem z. B. die ethische Problematik von der fachlichen oder juristischen unterschieden und wechselseitig aufeinander bezogen wird) und mit einem umfassenden Lebenszusammenhang in Verbindung gebracht wird, zum anderen geschieht schon hier eine Art Selbstbindung an eigenes künftiges Verhalten.

Darauf folgt die *Situationsanalyse,* die ein Problem in seinem Kontext zu erfassen sucht. Dazu gehören hier auch die problemrelevanten Güter und Tugenden, die durch ein Problem tangiert sind. Der nächste Schritt besteht in einer *Beurteilung von Verhaltensoptionen;* hierbei werden die Verhaltensalternativen anhand der Aspekte Handeln (Wer handelt?), Erleiden (Wer ist betroffen?) und Identität (Wie verstehen wir uns selbst?) erörtert. Danach folgt die Prüfung von Normen, Gütern und Perspektiven, die bei einem Problem beteiligt sind *(Kriterienprüfung).* Schließlich wird die sittlich-kommunikative Verbindlichkeit von Verhaltensoptionen geprüft; hier führt Tödt den Begriff der „kommunikativen Freiheit" ein, der auf die intersubjektive Verbindlichkeit des Verhaltens zielt *(Prüfung der kommunikativen Verbindlichkeit).* Abschließend kommt es zum *Urteilsentscheid,* der sich am Kompatibilitätsprinzip der integrativen Verknüpfung orientiert. Schließlich bildet eine *rückblickende Adäquanzkontrolle* das letzte Sachmoment des sittlichen Urteilsentscheides, die Prüfung des Urteils im Blick auf die angemessene Erfassung des Problems und auf die stringente Verknüpfung der anderen Momente.

Wichtig für Tödt ist es, dass dieses Schema nicht als abzuarbeitende Liste verstanden werden soll. Die sieben Schritte stellen vielmehr Sachmomente dar, die im Laufe der Urteilsfindung Berücksichtigung finden sollen und die aufeinander verweisen und voneinander abhängig sind. Zudem macht schon die Herkunft des Schemas deutlich, dass hier nicht ein einsames Subjekt für sich eine Entscheidung trifft, sondern dass die ethische Entscheidung eingebettet ist in einen diskursiven Prozess, den nicht allein irgendwelche Expertinnen und Experten bestreiten, sondern auch und insbesondere diejenigen, die von dem zu verhandelnden Problem direkt oder indirekt betroffen sind. Deswegen finden sich in der Ethik im Gesundheitswesen zunehmend Instrumente für eine solche kollektive Urteilsfindung.

Ethikkomitees und Ethikkommissionen

Bisweilen werden die Begriffe „Ethikkomitee“ und „Ethikkommission“ synonym gebraucht, sie bezeichnen aber unterschiedliche Gremien mit unterschiedlichen Aufgaben. Ethikkommissionen haben die Funktion, medizinische oder pflegerische Forschungsvorhaben ethisch zu begutachten. Ethikkomitees sind Einrichtungen von Kliniken (oder Verbünden), die bei ethisch relevanten Situationen Einzelfallberatung bieten oder sich mit exemplarischen Fällen oder Situationen befassen.

Während in der medizinischen Forschung die Einbeziehung von Ethikkommissionen mittlerweile zum anerkannten Standard gehört, gibt es für den Bereich der Pflegeforschung in Deutschland eher unklare Strukturen. Eine ethische Begutachtung wird in der Regel von öffentlichen Mittelgebern gefordert, darauf haben einige Hochschulen mit internen Regelungen reagiert. Die Deutsche Gesellschaft für Pflegewissenschaft hat eine eigene Kommission zur Überprüfung von Forschungsvorhaben eingesetzt. Aufgabe dieser Kommissionen ist es zu prüfen, ob die jeweiligen Projekte den Kriterien forschungsethischer Grundsätze (Kapitel 11) genügen.

Ethikkomitees wurden zuerst in den Vereinigten Staaten seit den 1970er Jahren etabliert; in Deutschland geht die Initiative zur Gründung solcher Komitees auf die konfessionellen Krankenhausträger zurück. Allerdings steckt die Einrichtung der Komitees noch in den Anfängen, die von der Akademie für Ethik in der Medizin betriebene Internetplattform „ethikkomitee.de“ zählt in Deutschland 91 Einrichtungen, in denen entsprechende Angebote vorgehalten werden. Die Bundesärztekammer hat 1994 eine „Zentrale Kommission zur Wahrung ethischer Grundsätze in der Medizin und ihren Grenzgebieten“ eingerichtet.

Die Mitglieder der an den Kliniken angesiedelten Komitees entstammen unterschiedlichen Gruppen. Neben dem ärztlichen und dem pflegerischen Bereich sind in der Regel auch die Verwaltung und der Sozialdienst einbezogen, hinzu kommen externe Personen wie z. B. Juristinnen und Seelsorger. Die Komitees haben vor allem beratende Funktion. Zugang zu den Einrichtungen sollen alle Mitarbeitenden und Patientinnen haben. Die Akademie für Ethik in der Medizin in Göttingen bietet Qualifizierungs- und Zertifizierungsmaßnahmen an. Die Rolle von Pflegenden in diesem Rahmen wird darin gesehen, dass sie in besonderer Weise die Nähe zu den Patientinnen repräsentieren können. Für ethische Fallbesprechungen in diesem – und natürlich auch anderen – Rahmen, haben sich eine Reihe von Methoden etabliert.

So wichtig diese Einrichtungen zur Klärung ernster Fragen des (Klinik-) Alltags sind, muss dennoch betont werden, dass ethische Entscheidungen, die eine Person treffen muss, nicht delegierbar sind. Für ihr Tun muss jede Person selbst einstehen können. Deswegen ist es wichtig zu betonen, dass Komitees nur eine beratende Funktion haben. Entscheidungen können nicht Experten übertragen werden, wenn sich Pflegende als mündige Personen verstehen, die ihr Leben selbstständig führen und verantworten wollen. Denn sie verfügen über die Kompetenz, sich in ihrer Profession auch ethisch zu orientieren.

Literatur

Appiah, Kwame Anthony (2009): Ethische Experimente. Übungen zum guten Leben, München (Beck).

Dallmann, Hans-Ulrich (2007): Ethik im systemtheoretischen Denken, in: Andreas Lob-Hüdepohl, Walter Lesch (Hrsg.) – Ethik Sozialer Arbeit. Ein Handbuch, Paderborn (Schöningh), S. 57–68.

Dietrich, Julia (2012): Ethische Urteilskraft. Methodologische Erwägungen aus argumentationstheoretischer Perspektive, Deutsche Zeitschrift für Philosophie 60/2012, S. 233–249.

Kohlen, Helen (2012): Die Rolle von Pflegenden in Klinischen Ethikkomitees, in: Settimio Monteverde (Hrsg.) – Handbuch Pflegeethik. Ethisch denken und handeln in den Praxisfeldern der Pflege, Stuttgart (Kohlhammer) 2012, S. 193–201.

Körtner, Ulrich H. J. (2012). Grundkurs Pflegeethik, Wien, 2. überarbeitete und erweiterte Aufl. (Facultas) (hier Kapitel 9: Arbeits- und Funktionsweise Klinischer Ethikkomitees).

Schmid, Hans Bernhard (2011): Moralische Integrität. Kritik eines Konstrukts, Berlin (Suhrkamp).

Steinkamp, Norbert (2012): Methoden ethischer Entscheidungsfindung im Pflegealltag, in: Settimio Monteverde (Hrsg.) – Handbuch Pflegeethik. Ethisch denken und handeln in den Praxisfeldern der Pflege, Stuttgart (Kohlhammer) 2012, S. 175–192.

Tödt, Heinz Eduard (1978): Versuch zu einer Theorie ethischer Urteilsfindung. Zeitschrift für evangelische Ethik 21/1978, S. 81–93.